D1718342

Elke Barker

Und zwischen uns
das Meer

© axel dielmann – verlag
Kommanditgesellschaft in Frankfurt am Main, 2022
www.dielmann–verlag.de
Alle Recht vorbehalten

Redaktion und Lektorat:
Kurt Drawert, Darmstadt
www.kurtdrawert.de/textwerkstatt
Korrektorat:
Stefan Schöttler, Mainz
Gestaltung inklusive Logo der Reihe:
Urs van der Leyn, Basel
Covergestaltung unter Verwendung von
„Automat" von Edward Hopper, 1927,
© VG Bild, Bonn
Gesamtherstellung:
OOK Press, Verszprém

ISBN 978 3 86638 370 8

Und zwischen uns das Meer

Erzählungen von

Elke Barker

edition DARMSTÄDTER Textwerkstatt

Band 1

herausgegeben
von Kurt Drawert

axel dielmann — verlag

Kommanditgesellschaft in Frankfurt am Main

Für Peter und Lilian

INHALTSVERZEICHNIS

DEM UNMÖGLICHEN ENTGEGEN

Anmerkungen zur „Edition Darmstädter Textwerkstatt"
im axel dielmann – verlag

Von selber werden Träume nicht wahr, sie brauchen eine glückliche Fügung, die sie ins Leben überführt. Oder, wie in unserem Fall, eine Begegnung mit einem engagierten Verleger, der einen daran erinnert, was man immer schon einmal einrichten wollte: Eine eigene „Edition Darmstädter Textwerkstatt", in der die interessantesten Autorinnen und Autoren in Einzelbänden vorgestellt werden. Zwar ist unsere Textwerkstatt seit ihrer Gründung 1998 immer auch publizistisch tätig gewesen, zuerst in Jahresschriften, die wir über die Stadt Darmstadt drucken und vertreiben konnten, ab 2013 dann in größeren Anthologien, die alle Autorinnen und Autoren der letzten fünf Jahre mit einer Auswahl ihrer Arbeiten vorgestellt haben: „Kasinostraße 3. 15 Jahre Darmstädter Textwerkstatt", und 2018: „Das Eigene im Anderen. Istanbul. 20 Jahre Darmstädter Textwerkstatt", beide im Leipziger Poetenladen Verlag. Daneben ein bilingualer Band junger deutscher und türkischer Lyrik: „Die Signatur deiner Augen", Luxbooks Verlag, Wiesbaden 2016, sowie einem Sonderheft der Zeitschrift BAWÜLON des POP-Verlages in Ludwigsburg 2016. Eine neue Anthologie mit dem Arbeitstitel „Risse und Welt", die wir pünktlich zum 25-jährigen Jubiläum der Textwerkstatt im Frühjahr

2023 vorlegen möchten, ist auch in Arbeit und wird ebenfalls bei Axel Dielmann in Frankfurt erscheinen. Was nun will die „Edition Darmstädter Textwerkstatt" sein? Eine Reihe literarischer Debüts, gleich welcher Gattung und Sujets, die besondere Begabungen vorstellt. Der Rhythmus ihres Erscheinens soll dabei frei bleiben von starrer Regelmäßigkeit und vor allem der Stimme des Materials folgen, ihrer Dringlich- und Eindringlichkeit. Denn eines soll die Reihe nicht sein: eine Sklavin von Quoten, die anstatt der Literatur einem Fetisch von Zahlen dient – Verkaufszahlen vorzugsweise. Ich möchte hier keine Trends diskutieren, wie und warum das Feld der Literatur von ökonomischen Kennziffern oft stärker betont wird als von ästhetischer Ergiebigkeit, denn das führte in einen anderen Diskurs und wäre wenig von Nutzen. Aber einen daraus abgeleiteten Anspruch stelle ich doch heraus, allein dem Text zu vertrauen, seiner eigenen subjektiven Tonlage, die der Welt etwas Neues hinzufügt oder sie auf überraschend kluge Weise infrage stellt. Denn genau dem werden wir in einer von Algorithmen geleiteten Wirklichkeit immer seltener begegnen – einer Wirklichkeit, die ihren Status des Gegenwärtigen über Wahrscheinlichkeitsfolgen unendlich erweitert und damit der Zukunft ihre Zukunft, das heißt ihre produktive Zufälligkeit, entzieht. Literatur als ein Gegenentwurf zur Machtverwaltung durch Sprache, ihr utopisches Begehren nach dem Anderen, das der Praxis des Handelns einen Horizont eröffnet, einen Entwurf von Bedeutung und Sinn – das soll unsere Reihe vermitteln; und sie soll die Namen und literarischen Stimmen in den Literaturbetrieb bringen, die übersehen werden könnten, weil sie vielleicht zu leise, zu eigenwillig oder fern von massentauglicher Verwertung sind. Das klingt, ich weiß es wohl selbst, ambitioniert. Aber man muss das Unmögliche wollen, damit das Mögliche möglich werden kann. In diesem Sinne sei auch dem Verleger Axel Dielmann gedankt, der uns das Vertrauen entgegenbringt und seinen Verlag für uns öffnet. Gehen wir, gemeinsam, dem Unmöglichen entgegen. Ich freue mich darauf.

Darmstadt, im Oktober 2021

Kurt Drawert

WIE EIN GEMÄLDE VON EDWARD HOPPER

Ein Vorwort zu den Geschichten von Elke Barker

Ich kenne Elke Barker, ihre feinen Prosaminiaturen und kurzen Geschichten, seit sie bei uns in der Textwerkstatt war, vor zehn oder zwölf oder fünfzehn Jahren, ich müsste nachschauen, finde es aber gerade nicht wichtig. Denn es geht ein geheimnisvoller Grundton von ihrer lakonischen, mit Ellipsen und assoziativen Sprüngen durchsetzten Prosa aus, den man sofort wiedererkennt, wenn man ihn einmal in sich aufgenommen hat, ein Grundton, der die Autorin unverwechselbar macht und ihre Geschichten – so ähnlich im Sujet sie auch gelegentlich sind – unvergesslich. Diese stilistische Konstante, die sich immer wieder neue Bilder und Szenen erfindet, vermittelt eine Zeitlosigkeit, so dass nicht nur der Erzählstoff als stets gegenwärtig erscheint, sondern sich auch die Frage erübrigt, wann etwas war oder wie lange es gedauert hat, es literarisch umzusetzen. Ein Debüt hat immer ein anderes zeitliches Gerüst als alle folgenden Bücher, weil es die lange Spur der Verwerfungen und Überschreibungen, der Zweifel und Bestätigungen in sich aufgenommen und verarbeitet hat. So haben wir heute diese schöne, literarisch ergiebige Sammlung von Geschichten zusammen, die sich, in ihrer poetologischen Dichte und Konzentration, fast wie ein Gedichtband liest und auf einen sprachlichen Mehrwert verweist, der jenseits der Sprache erst noch entsteht und ihre Motive ins Imaginäre einer allgemeinen Gültigkeit verlängert. Titel, sagte Adorno einmal, offenbaren das Ganze und halten es wie ein Rätsel, das noch gelöst werden muss, gleichermaßen zurück. Die Autorin hat einen solchen Titel gefunden, der Reales und Fiktionales, Geste und Allegorie miteinander verwebt: „Und zwischen uns das Meer". Dahinter verbirgt sich die Geschichte eines Fremden, der urplötzlich auftaucht und das Gewöhnliche im Gewöhnlichen solange um die eigene Achse bewegt, bis es zur gleichen Fremdheit erstarrt, wie jener ungebetene Gast sie verkörpert. Bald fallen Signalwörter wie Syrien, Meer oder Schlepperbanden, und wir haben die dramatischen Bilder des Krieges und der Flucht vor Augen, wie sie sich ins Weltgedächtnis eingeschrieben haben. Ich möchte die Geschichte hier nicht erzählen, weil es davon ablenken würde, eine Metapher zu sein. Denn „das Meer" ist nur scheinbar der konkrete Topos, der in dieser Geschichte verwendet wird; vielmehr ist er in seiner symbolischen Bedeutung der unüberwindbare Riss, der die Menschen voneinander trennt. Dieser „Riss" – ich wage es, ihn als ein zentrales Konfliktobjekt für alle Erzählungen herauszustellen und paradigmatisch zu verstehen – ist irreversibel wie der menschliche Mangel an und für sich. Aber das wird explizit gar nicht ausgesprochen, denn dem Erzähler selbst ist es nicht evident. Er steht irgendwo im Schatten des Ateliers, in das jener Mann mit dem unvertrauten Namen Aboud plötzlich eindringt, und legt die Bilder und Szenen wie ein Rebus vor uns aus, das wir selber zu vervollständigen haben. Diese doppelte Konnotation, lexikalische Wortwörtlichkeit und symbolische Figur gleichermaßen zu bedienen und es dem Leser zu überlassen, welcher Form von Realität er es zuschlägt, gehört zur stilistischen Methode der Prosa und verleiht ihr die Aura des Unaussprechlichen. Die Literaturtheorie kennt den Begriff der Aposiopese dafür, die eine Verdeutlichung durch Auslassung meint, und alles, was in den Geschichten Elke Barkers Bedeutung erlangt, hat im semantischen Übersprung, im unerwarteten Schnitt, der die Kamera vom Geschehensort abzieht, noch ehe sie ihn eingefangen hat, seinen Platz. Allein dadurch wirken auch Redundanzen konzentriert, sind Wiederholungen keine Wiederholungen mehr. Zweimal dasselbe Wort meint niemals dasselbe, und so auch verweist jede Erzählung nur auf sich selbst. Ich denke, man muss sie langsam lesen, wie Gedichte, unterbrechen und weglegen und wieder aufnehmen, um die Differenz zu erfahren, die im feinen Gewebe der Sprache entsteht. Etwas geht es mir wie mit einem Gemälde von Edward Hopper, auf dem ein Ausschnitt der Welt wie eingefroren erscheint, ohne Beziehung der Dinge untereinander, erstarrt im nackten, einsamen Moment, der sich zur Ewigkeit dehnt. Aber „Und zwischen uns das Meer" heißt eben auch, dass das, was uns trennt, uns verbindet – je nachdem, wie konkret man es vor Augen hat. Ich wünsche Elke Barker viele Leser, die sie für sich entdecken, und unserer Reihe mit diesem feinen Debüt einen erfolgreichen Beginn.

Darmstadt, im Oktober 2021

Kurt Drawert

IN EINEM MODUS DER
AUFMERKSAMKEIT

Gedanken zu Elke Barkers Prosadebüt

An meine erste Begegnung mit Elke Barker erinnere ich mich noch genau. Es war im Jahr 2007, auf einer Preisverleihung in Mannheim. Sie trat als Journalistin auf mich zu, wollte ein Interview mit mir führen. Als wir einige Tage später miteinander telefonierten, erzählte ich ihr von der Darmstädter Textwerkstatt. Und wahrscheinlich sagte ich ihr, dass ich erst durch meine Teilnahme an Kurt Drawerts Textwerkstatt zu einer Ahnung für die Maßstäbe gelangt war, die ich an meine Gedichte stellen wollte. Elke sprach davon, dass sie Kurzgeschichten schrieb und Austausch suchte, und ich empfahl ihr, sich bei Kurt Drawert um einen Seminarplatz zu bewerben. Drei Jahre lang nahm Elke an Kurts Textwerkstatt teil; seit dem Jahr 2011 arbeiten wir zusammen in der von mir geleiteten Textwerkstatt II.

Elke Barkers Prosadebüt hat sich also in aller Ruhe entwickelt, und, wie ich weiß, in mehrfachen Überarbeitungsphasen. Man merkt es den Texten an. Es haftet etwas Klassisches, geradezu Zeitloses an ihnen, und auch eine Ortlosigkeit, obwohl ich immer wieder Elkes Wohnort Heidelberg darin spüre, eine Stadt, in der ich selbst ein knappes Jahr zu Beginn meines Studiums gelebt habe.

Was Elkes Geschichten für mich miteinander verbindet, ist eine Ähnlichkeit in der Persönlichkeit der Icherzählerin. Es ist eine Person, die auf eine Art, die eher im Verborgenen bleibt, im Leben steht, und die sich in einem Modus der Aufmerksamkeit befindet. Sie ist offen für das, was sich in ihrer nahen Umgebung ereignet, beobachtet Menschen, lässt sich auf etwas ein. Vertrauen ist unberechenbar. Plötzlich schimmert es auf, zwischen Fremden, und genau so plötzlich ist es in einer Freundschaft verschwunden. Zuweilen blitzen Elemente einer Traumlogik auf, erzeugen Irritation und Tiefe. Selbst ein Nicht-Ort wie eine Unterführung wird einzigartig, erfährt Magie. Die Spannung liegt vor allem in der Atmosphäre. Zuletzt besprachen wir im Seminar die Kurzgeschichte „Der Mönch", und als ich die Frage nach dem Thema in den Raum stellte, um die Diskussion in Gang zu bringen, gab es fast so viele unterschiedliche Antworten wie Teilnehmende, was für die vielschichtige Energie des Textes spricht.

Dass Elke Barkers Kurzgeschichten nun als erste Publikation in der von Kurt Drawert gegründeten Edition erscheinen, freut mich ganz besonders. Ich wünsche Elke mit ihrem Buch die Resonanz, die ihrem wunderbaren Talent gebührt, und der Reihe einen gelungenen, vielbeachteten Start.

Frankfurt am Main, im Dezember 2021

Martina Weber

ZUGABE

Und dann stand ich am Shuttle-Treffpunkt. Mit Mara neben mir, die traurig war, die unendlich gern mitgefahren wäre und am liebsten alles eingetauscht hätte. Ihr Leben gegen meins, und die nur nichts sagte, weil man so etwas nicht sagt. Mara, die mich irgendwann umarmte, fest und lange, und dann ging. Mich zurückließ, mit flattrigem Magen, nervös. Bis Rick kam, meinen Rucksack verstaute, das Ticket über das Lesegerät zog. Und dabei lächelte, ein Lächeln, tief und weich, das in dieses und kein andereres Gesicht zu gehören schien, so als wohne es darin.

Rick war anders, das spürte ich sofort. Rick, der mich zum Flughafen brachte, mich und die anderen Fahrgäste. Rick, bei dem am Rückspiegel ein Traumfänger baumelte und auf dem Armaturenbrett Kuscheltiere saßen, Bären mit aufgenähten Herzen, auf denen stand: „I love Germany". Und neben dem ich ruhig wurde, seltsamerweise sofort ruhig. „Ihre erste Fahrt heute?" Rick schüttelte den Kopf. Nein, er habe bereits eine Gruppe Kanadier zum Flughafen gebracht. Europe in ten days. Er grinste. Die hätten ihm auch die Teddybären hier gegeben. Gingen nicht mehr in den Koffer. Rick nahm eine CD und legte sie ein. Janis Joplin „Pearl", 1971. Wo's denn hingehe, wollte er wissen. „Zuerst nach London, und dann sehe ich weiter." Rick stieß einen leisen Pfiff aus, und sein dünner Ziegenbart wippte dabei.

Ich hatte mich lange mit dem Gedanken getragen, ein Sabbatjahr zu machen. Raus aus dem Schuldienst, weg von den Kindern und Jugendlichen, den ewig nörgelnden Eltern. Ich hatte versucht, die Argumente in meinem Kopf zu ordnen, hatte sie mal auf die eine, mal auf die andere Seite gelegt wie Gewichte auf einer Balkenwaage. Und wenn Mara nicht gewesen wäre, Mara, meine beste Freundin, die Familie hatte, zwei Kinder und Verantwortung, wie sie es nannte, die sagte: „Du kannst doch so was machen. Wenn nicht jemand wie du?", ich glaube, alles wäre anders gelaufen.

Rick fuhr ruhig und nicht besonders schnell. Rechts von uns erhoben sich flache Hügel, Dörfer zogen vorbei, Kirchtürme, eine Burg. Die Felder waren wintergrau, der Himmel hing tief, nur ab und zu zwängten sich ein paar Sonnenstrahlen durch die Wolkendecke. Einmal, als ein klappriger Lieferwagen mit einer Holzladung vor uns fuhr, überholte Rick, und als der Verkehr ins Stocken kam, nahm er die nächste Ausfahrt und fuhr auf der Bundesstraße weiter. „Eigentlich viel hübscher", sagte ich. „Also ich meine, man sieht mehr." Rick nickte und trank einen Schluck Mineralwasser. Irgendwie erinnerte er mich an diese Alt-Hippies, braungebrannt und in Flip-Flops, die Mara und ich einmal auf Bali gesehen hatten. Bei unserer letzten gemeinsamen Reise, als wir mit dem Rucksack unterwegs waren, direkt nach dem Studium. Ich schaute auf die Uhr. Mein Flug ging in dreieinhalb Stunden. „Ich bringe dich rechtzeitig", sagte Rick. „Ich bringe dich rechtzeitig." Wie er das sagte, mich duzend, und so als sei es ihm wirklich wichtig, dass ich ohne Hektik meinen Flug erreichte.

Ich habe oft mit Mara über diese Reise gesprochen. Abends, wenn wir in meiner Küche saßen und Wein tranken. Und Mara nach einer Weile unruhig wurde, ihr Blick umherzuschweifen begann, in die erleuchteten Fenster der Nachbarhäuser, über die Dächer hinweg, so als suche sie etwas. Und vielleicht war es das, was uns antrieb. Uns Reiseführer studieren ließ, mit dem Finger über Landkarten fahren, weshalb wir Notizen machten von all den Orten, die uns verheißungsvoll erschienen. Den Dachgärten in Manhattan, den heißen Quellen in Island, Amsterdam mit seinen Grachten. So lange, bis die Seiten unseres Notizbuchs gefüllt waren, und ich sagte: „Du, Mara, ich mach's anders. Ich fliege nach London, ich setze mich in die Old Truman Brewery im East End und trinke ein Bier. Und dann sehe ich weiter."

Ich fragte Rick, wie lange er schon Shuttle fahre. „Seit zehn Jahren", antwortete er. „Als ich wieder zurückkam aus den Staaten, da dachte ich, das sei so ein Job, angenehm und leicht. Zumindest im Vergleich zu dem, was ich vorher gemacht habe. Animateur, dann Gastroszene, es war alles dabei. Und eigentlich ist das jetzt nur noch Zugabe." Zugabe? Ich verstand nicht. Janis Joplin röhrte „Me and Bobby McGee", und Rick trommelte aufs Lenkrad. Er hatte kräftige Hände, mit großen, rundlichen Nägeln. „Ich habe neun Jahre in einem Club in Kalifornien gearbeitet. Acht Monate Arbeit, vier Monate frei. Ich habe mich um die Singles gekümmert. Versucht, die Sache zum Erfolg zu bringen. Ein Vierzehn-Stunden-Tag. Aber auch irre. Was man da erlebt." Rick grinste und zupfte an seinem Ziegenbart. Diesen einen Typ aus Arizona, den werde er nie vergessen. Sei eines Tages mit seinem Rolls Royce vorgefahren, neben sich eine Schaufensterpuppe mit engem Kleid, Perücke und Kopftuch. Der sagte doch dann glatt zu ihm, er habe genug von „the fucking doll" und wolle jetzt was Lebendiges. Rick lachte, und sein Bart wippte dabei. Ich sah auf die Uhr.

Wenig später kam die Sonne raus, arbeitete sich zwischen den Wolken hindurch, fiel auf die Windschutzscheibe. Alles wirkte jetzt heller, wie angestrahlt und unter einem Vergrößerungsglas. Der Staub auf dem Armaturenbrett, die Krümel auf der Ablage und die feinen Falten auf Ricks Stirn und um seine Mundwinkel herum. Ich schätzte ihn auf etwa siebzig. „Und was sind deine Pläne nach London?" Rick schaute mich von der Seite an, im Blick ehrliche Neugier. Ich wurde unsicher, sagte, dass ich eine Liste mit Orten angelegt hätte, es aber nicht funktioniert habe. Es habe sich, ich zögerte, irgendwie falsch angefühlt. Ich erwartete, dass Rick komisch reagieren würde, aber er sagte nur: „Verstehe. Ich kann das gut verstehen."

Wir waren kurz vor Frankfurt. Der Verkehr wurde dichter, und am Himmel zeigten sich die ersten Flugzeuge. Rick holte seine Sonnenbrille aus einem Etui. „Und was hast du nach dem Club gemacht?", fragte ich. Er wiegte mit dem Kopf. „Ich habe eine Bar auf La

Gomera aufgemacht. Unweit vom Strand. Unter Palmen habe ich Fisch und Burger gebraten. Kaffee und Drinks ausgegeben. Die Leute waren angenehm. Backpacker ohne viel Geld. Deshalb war ich auch billig. Ich wollte diese Leute und keine anderen."

Als wir am Terminal ankamen, verteilte Rick das Gepäck und verabschiedete sich von den anderen Fahrgästen. Dann holte er Tabak aus seiner Hosentasche und begann sich eine zu drehen. „Magst du auch? Also ich meine, hast du noch einen Moment Zeit?" Ich nickte, und wir setzten uns in den Bus, stellten die Sitzlehnen zurück und rauchten. Meine Zigarette war dick, sah aus wie ein Joint. Rick schien meine Gedanken zu erraten. „Alte Gewohnheit", grinste er. Ich schloss die Augen, und als ich sie wieder öffnete, fiel mein Blick auf den Traumfänger. Ob Rick dran glaube, wollte ich wissen. Dass die guten Träume durchgingen und die schlechten hängenblieben. „Irgendwie schon", sagte er. Besonders gefalle ihm die Vorstellung, dass die Morgensonne die schlechten Träume neutralisiere. Ja, dass alles Energie sei und wandelbar, diese Vorstellung gefalle ihm. Und dann machte er etwas, was mich bei jedem anderen irritiert hätte, griff zum Armaturenbrett und nahm einen der Bären. „Willst du? Ich schenke ihn dir." „I love Germany!" Ich kicherte. Aber seltsamerweise trug mich dieser Bär durch das Jahr. In dem ich suchte und manchmal auch glaubte zu finden, für kurze Zeit zu finden. In dem ich Mara anrief. Ihr erzählte. Von all den Orten, die ich bereiste. Den Menschen, die ich

kennenlernte. Den Verrückten, den Einsamen, den Ge-
triebenen. Denen, die nicht allein sein konnten und
denen, die genau das wollten.

DIE ASIATIN

Ich saß in der U-Bahn und roch ihr Parfum, ein blumiger Duft, Rose, ein bisschen Jasmin. Ihr schwarzes Haar war schulterlang, die Lippen geschminkt, die Augen dunkel und schmal. Sie war Asiatin und saß neben mir. Ich lehnte meinen Kopf gegen die mit Graffiti beschmierte Scheibe und beobachtete, wie sie in ein kleines, blaues Notizbuch schrieb. Sie war sehr konzentriert dabei, sonst hätte sie mich bemerkt. Wir stiegen an der gleichen U-Bahnstation aus. Ich folgte ihr die Treppen und Rolltreppen hinauf, vorbei an Werbeplakaten für Theateraufführungen und Kinofilme. Vor der U-Bahnstation blieb ich an einem Kiosk stehen und kaufte eine Zeitung. Danach war die Asiatin weg. Mit der Menschenmasse verschwunden, in einem der Buchläden, Cafés oder Theater.

Ich ging die Straße hinunter bis zu der Buchhandlung, in der ich arbeitete. Der Raum für die Angestellten war klein, mit Fenster zum Hinterhof und rostigen, verbeulten Kleiderspinden. Ich schloss meinen Rucksack ein. Meine Kollegin Sabine stand neben mir und schminkte sich, hellrosa Lippenstift auf Puppenmund. Der Lippenstift war klein und abgenutzt, ein rosa Stummel in Sabines dicken Händen mit den abgeknabberten Fingernägeln. Wir arbeiteten seit fünf Jahren zusammen. Sabine redete viel, eigentlich den ganzen Tag. Sie redete, und ich hörte zu. Meistens schimpfte sie auf ihren Freund. Der einen Gelegenheitsjob nach dem anderen hinschmiss, der zu viel rauchte, trank und sie mit der blonden Nachbarin betrog. Ich antwortete gewöhnlich nicht, sagte nicht, dass sie schon oft versucht hatte, sich von ihm zu trennen, dass es bei jedem Versuch zum großen Krach gekommen war und zur großen Versöhnung auch.

Ich traf die Asiatin wieder. Schon am nächsten Tag. Sie saß in der U-Bahn und schrieb in ihr Notizbuch. Wir stiegen gemeinsam aus, und ich folgte ihr. Sie schien sich auszukennen, lief schnell, zielsicher und immer geradeaus, bis sie in einem der kleinen Cafés verschwand. Das Café hieß „Café Central". Es war eng und sah heruntergekommen aus. Seitlich befand sich die Bar, daneben einige Tische und Stühle. Eine Karte gab es nicht. Auf einem Spiegel über der Bar waren die Speisen und Getränke mit Leuchtstift aufgeführt. Fast alle Tische waren besetzt. Ich setzte mich zu einer jungen Frau mit hennarotem Haar und bestellte einen Milchkaffee. Dann rief ich bei meiner Chefin an und meldete mich krank. Ich sagte, ich hätte eine Erkältung und hielt mir beim Sprechen die Nase zu. Danach hatte ich ein schlechtes Gewissen. Nicht, weil ich gelogen hatte, sondern weil ich Sabine allein ließ. Die Asiatin saß im hinteren Teil des Cafés und schrieb. Tagebuch, Gedichte, vielleicht nur Einkaufslisten, ich hätte es gerne gewusst. Ich stellte mir vor, wie es wäre, sie anzusprechen, zu ihrem Tisch zu gehen und „Hallo" zu sagen. Ich fragte mich, wie sie reagieren würde. Freundlich, herzlich, irritiert, verständnislos. Sie könnte sagen: „Ja, Sie sind mir schon aufgefallen", oder: „Ich habe Sie nie gesehen."

Ich traf die Asiatin die ganze Woche. Doch es geschah nichts, ich sprach sie nicht an, und sie sah nicht von ihrem Notizbuch auf. Ich meldete mich weiter krank. Ich hatte kein Problem damit, es ging mir sogar gut dabei. Bis Sabine eines morgens im „Café Central" auftauchte. Mit verquollenen und roten Augen, in Jogginghosen und einer pinkfarbenen Felljacke, die ihr über den Hüften spannte. Sie zog sich einen Barhocker heran und sagte: „Ich habe ihn erwischt. Mit der Blondine." Die Asiatin musterte Sabine. Es war das erste Mal überhaupt, dass sie aufschaute. Und plötzlich schämte ich mich, schämte mich für Sabines Kleidung, die abgeknabberten Fingernägel, das dicke Gesicht mit dem rosa Puppenmund. „Na also", sagte ich. „Dann wirf ihn raus." Sabine verzog den Mund wie ein beleidigtes Kind und begann an ihren Fingernägeln zu knabbern. Ich drehte meinen Kopf zu ihr, sah, wie sie ihre kurze, fleischige Hand auf meine Schulter legte. Ich sagte zu ihr: „Lass mich." Doch ihre fleischige Hand riss an meinem Pullover. Ich sagte noch einmal: „Lass mich." Doch Sabines Hand krallte sich in meiner rechten Schulter fest, ich konnte den Druck jedes einzelnen Fingers spüren. Sie wollte ihren Mund öffnen, wollte etwas sagen, ganz viel sagen. Da schlug ich ihr mit der flachen Hand auf den Mund.

Was dann geschah, weiß ich nicht. Ich weiß nur, dass ich Sabine sitzen ließ und das Café verließ. Dass ich ihr nie wieder zuhörte. Und dass die Asiatin plötzlich weg war, unbemerkt aus dem Café verschwunden. Dass ich ihr nie wieder begegnete. Dass trotzdem etwas blieb. Kleinigkeiten. Dass ich mich schminkte, heimlich und mit Lippenstift. Dass ich manchmal in der U-Bahn saß und den Duft ihres Parfums roch. Dass ich anfing, in ein kleines, blaues Notizbuch zu schreiben.

AUF DEM KIESWEG

Der Frühling kam plötzlich, von einem Tag auf den anderen. Die Sonne brannte, und es war ungewöhnlich heiß für Anfang April. Der Kiesweg war uneben, der Rollstuhl holperte, und meine Hände umklammerten die Griffe. Die Alte sagte: „Geradeaus. Immer geradeaus." Den Job hatte mir das Studentenwerk vermittelt. „Die Frau sitzt im Rollstuhl, Arthritis im fortgeschrittenen Stadium", hatte die Dame bei der Vermittlung gesagt.

Der Friedhof lag am Stadtrand, die Fassade der Kapelle war grau, viele Gräber verwildert. Es waren wenige Menschen dort, nur einige Rentner holten mit Gießkannen Wasser von einem Brunnen. Ich schob die Alte eine Weile, dann sagte sie: „Stopp." Ein Grabstein in Form eines Schmetterlings, davor eine Rasenfläche, Spielzeug darauf, kleine Autos, Plüschtiere. Der Blick der Alten schweifte über die Dinge: „Es ist nichts Neues dazugekommen." Ich antwortete nicht, schaute sie nur an, wie sie dasaß, in Rock, Wolljacke und Strumpfhosen, die verkrüppelten Hände gefaltet, es sah aus, als seien sie ineinander verknotet. Die Alte wollte jede Woche auf den Friedhof, und immer wiederholte sie dieselben Worte.

Eines Morgens rief sie mich um sieben Uhr an. Mein Freund Philipp und ich schliefen noch. Philipp murmelte irgendetwas von „Scheiß Handy" und drehte sich auf die andere Seite. Ich stand auf, wühlte mich durch einen Berg von Klamotten, fand das Handy schließlich auf dem Boden. Die Stimme der Alten klang aufgeregt, brüchig und wie aus weiter Ferne. „Alice, können Sie kommen?" Ich rüttelte Philipp wach. „Die Alte. Der Job vom Studentenwerk."

Als ich kam, saß die Alte fertig angezogen am Fenster. Sie trug einen dunklen Rock, schwarze Schuhe und eine dunkelgraue Bluse. Ich schaute mich im Zimmer um, ein Krankenhausbett, ein Einbauschrank, ein Sessel mit einem braunen Holztisch, darunter ein Perserteppich. Das typische Interieur eines Altenheims, steril trotz all der persönlichen Dinge.

Wir fuhren mit dem Bus, sechs Stationen, um uns herum lärmende Schulkinder, Studenten, Rentner. Der Friedhof war an diesem Morgen in helles Sonnenlicht getaucht. Ich suchte nach meiner Sonnenbrille, konnte sie nicht finden, weder in meinem Rucksack noch in meinen Jackentaschen. In der Kapelle setzte ich mich an den Rand, den Rollstuhl mit der Alten stellte ich daneben. Ich schaute nach vorn. Bunte Frühlingsblumen, so viele, so üppig. Den kleinen Sarg sah ich kaum. Die Eltern: die Frau blond, mit langem Haar, der Mann dunkel, mit Brille. Ihre Rücken waren ganz gerade, wie zwei Stöcke saßen sie nebeneinander. Dahinter Verwandte, vielleicht auch Freunde. Ich hörte die Worte der Pfarrerin, bemüht, hilflos, und ich, die ich nie an der Kraft der Worte gezweifelt hatte, tat es zum ersten Mal.

Es war Nachmittag, als ich nach Hause kam. Philipp saß in der Küche und las Zeitung, wir kochten und aßen gemeinsam, tranken Kaffee. Dabei erzählte ich ihm alles. Auch, dass die Alte am Ende geweint hatte. Philipp legte den Arm um meine Schultern. „Es ist ein Job, nur ein Job, verstehst du?" Als die Alte wieder anrief, sagte ich: „Was ist?", und: „Es geht nicht." Stille am anderen Ende der Leitung, ein Knarren, dann ihre feste, fast strenge Stimme. „Vierzig Euro die Stunde?"

Ich ging ohne Jacke aus dem Haus. Die Hitze war schon am Morgen unerträglich. Als wir beim Schmetterlingsgrab waren, sagte die Alte: „Hier hätte es liegen können. Wenn sie es mir nicht weggenommen hätten, einfach in den Klinikmüll geworfen." Ich antwortete nicht, starrte auf ihre verkrüppelten Hände. Hände, die früher einmal schön gewesen sein mussten, feingliedrig, schlank und mit langen, ovalen Nägeln. Als wir zurückfuhren, kam uns eine Frau entgegen. Jeans, T-Shirt, das lange Haar hochgesteckt, die Sonnenbrille ins Haar geschoben. Sie legte einen braunen Teddybären auf die Rasenfläche, neben all die anderen Plüschtiere, Autos und Spielzeuge. Die Alte flüsterte: „Etwas Neues ist dazugekommen", und ich wünschte, ich hätte nichts gehört.

Ich nahm mir vor, mit der Alten zu reden. Ihr zu sagen, dass ich das nicht aushalte. Aber es fiel mir schwer, und so ging ich noch einmal mit ihr auf den Friedhof. Kurz bevor wir beim Schmetterlingsgrab waren, fragte ich: „Warum machen Sie das?" Sie schaute mich an.

„Schieben Sie mich weiter. Ich bezahle Sie dafür." Wir fuhren auf dem Kiesweg, es holperte, meine Hände hätten die Griffe umklammern müssen, aber sie wollten nicht, plötzlich wollten sie nicht mehr. Ich ließ die Alte stehen, einfach stehen. Ich ging an den Rentnern mit den Gießkannen vorbei, die mich mit großen Augen anstarrten. Ich verließ den Friedhof, nahm den Bus, lief nach Hause, setzte mich in der Küche auf einen Stuhl, betrachtete die weiße Wand, einen Nagel und die helle Stelle, an der einmal ein Bild gehangen hatte. Die wütende Stimme der Alten blieb mir noch lange im Ohr.

VERÄNDERUNG

Ina steht vor der Klinik. Sie denkt, wie es wäre, hinein-
zugehen, den Park hinter sich zu lassen, die Treppe
hochzulaufen, vorbei an den beiden steinernen Lö-
wen. Sie denkt, wie es wäre, die gläserne Drehtür zu
passieren und durch die helle Halle zu gehen. Ihre Füße
würden bei jedem Schritt in den flauschigen Teppich
einsinken, und die Dame am Empfang würde ihr von
weitem zulächeln.

Ina ist oft hier. Man findet den Park auf keinem
Stadtplan, in keinem Reiseführer. Er ist Teil der Klinik.
Trotzdem kann jeder hier spazierengehen, den Teich
mit dem Springbrunnen umrunden, sich auf eine Bank
setzen. Der Park ist gepflegt, die Buchsbaumhecken
wie mit dem Rasiermesser geschnitten, rote und gelbe Tulpen, in geometrischen Mustern angeordnet,
Architektur im Einklang mit der Natur. Ina geht auf
weißen Kieselsteinen und schaut einer dicken Frau zu,
wie sie Enten mit Brot füttert. Wie es wäre, etwas zu
verändern, hat sie sich lange gefragt, zu Hause vor dem
Spiegel, die Hände zu Fäusten geballt, wie es wäre,
einen Plan zu haben, zu wissen, dass sie eines Tages anders aussehen würde.

Ina verlässt den Park, überquert die Straße, läuft weiter
bis zu einer Parfümerie, vorbei an Modegeschäften,
Schuhläden, Cafés. Wenn sie im Park war, gönnt sie sich
etwas. Einen Lippenstift, einen Kajal, einen Nagellack.

„Vielleicht den Ton", sagt die Verkäuferin und zeigt Ina einen kirschroten Lippenstift. „Oder, wenn es etwas heller sein soll, vielleicht den Happy Strawberry?" Ina lässt sich zwei Striche auf die Hand malen und entscheidet sich für den Happy Strawberry. Draußen auf der Straße holt sie ihren Taschenspiegel hervor und schminkt sich. „Im Grunde genommen", denkt sie, „ist es immer wieder die gleiche Geschichte. Vom Mädchen, das Prinzessin werden will. Allerleirauch, das dem König sein goldenes Ringlein in die Suppe legt. Aschenputtel, das heimlich zum Ball geht."

Ina läuft die Treppe hoch bis in den dritten Stock. In ihrer Wohnung geht sie ins Schlafzimmer. Helle Mittagssonne fällt durch die Jalousien, lässt die Staubflocken tanzen wie winzige Schneeflocken. Sie holt ihre Reisetasche vom Schrank, sucht nach Schlafanzügen, ihrer Jogginghose und Unterwäsche. Dabei denkt sie an „Drei Nüsse für Aschenbrödel". Seit ihrer Kindheit schaut sie sich den tschechischen Märchenfilm an, jedes Jahr an Weihnachten. Früher zusammen mit ihrer Mutter, heute allein. Und jedesmal, wenn sie in ihre Decke gehüllt auf dem Sofa liegt, da will sie nichts wissen von Gefühlsduselei und Märchen-Happy-End, da will sie es einfach glauben. Dass sie nur warten muss. Sich wachküssen lassen.

Am späten Nachmittag klingelt Susanne. Ina steht noch immer vor dem Kleiderschrank. Ob sie ihr roten Nagellack leihen könne, fragt ihre Nachbarin und fügt flüsternd hinzu. „Theo glaubt, ich bin mit einer Freundin verabredet, aber das stimmt nicht." Dabei lächelt sie verschwörerisch, so als hoffe sie, dass auch Ina ein Geheimnis preisgebe. Doch Ina schweigt. Sie hätte Susanne dann von „Knolle" erzählen müssen. Dass sie sich immer noch so fühlt. Auch wenn es sechs Jahre her ist, dass sie die Jungen in die Toilette drängten, festhielten und Papiertaschentücher in den Mund stopften. Dass sie sie nach der Schule auflauerten, in eine Ecke des Parks zerrten und unter Husten zwangen zu rauchen. Dass sie sie auf dem Weg zur Theater-AG abpassten und höhnten, dass niemand „Knolle" auf der Bühne sehen wolle. Ina kramt nach dem Nagellack und gibt ihn Susanne. „Du kannst ihn behalten."

Ina schließt die Wohnungstür und lässt sich im Schlafzimmer aufs Bett fallen. Ihr Kleiderschrank platzt aus allen Nähten. Neulich erst hat sie wieder Kostüme gekauft, beim Tag der offenen Tür im Stadttheater, einen Flamencorock, ein Kleid aus dem Rokoko. „Das mit dem Verkleiden muss aufhören", denkt Ina. „Dieses heimliche Theaterspielen, allein in der Wohnung. Auch die Recherchen im Internet müssen aufhören." Obwohl sie erst neulich auf diese Weise den Anstifter ausfindig machte. Sie fand ihn auf der Homepage eines Fahrradunternehmens. Florian Kellermann, Produktmanager, verheiratet, eine Tochter. Dazu ein Foto. Ina erkannte ihn sofort, er hatte sich kaum verändert, das Haar kurz, die Gesichtszüge markant. Ina holt sich das Hochglanzprospekt der Klinik und blättert darin. Unter dem Stichwort „Nasenkorrektur" liest sie:

„Es ist uns wichtig, dass Ihre neue Nase zu Ihrem Gesicht passt", und: „Auf ein harmonisches Gefüge von natürlicher Funktion und Ästhetik kommt es uns an." Ina schließt die Augen, hört, wie Susanne auf klackernden Absätzen die Treppe heruntergeht. In der Wohnung über ihr spielt Theo Klavier.

Als Ina das Geld zusammen hat, ruft sie in der Klinik an und lässt sich einen Termin geben. Sie geht den Inhalt ihrer Reisetasche durch, zählt die Tage, noch fünf Mal schlafen, noch vier, drei, zwei, noch einmal. An einem sonnigen Morgen passiert sie die Drehtür der Klinik, läuft über den flauschigen Teppich bis zum Empfang. Die Dame fragt nach ihrem Namen und lächelt, weil sie immer lächelt, weil Lächeln zu ihrem Beruf gehört. Ina steigt in den Fahrstuhl, der Fahrstuhl ruckelt, obwohl er neu ist, alles hier neu ist. Wie lange es dauern wird, fragt sich Ina, bis eine Veränderung in ihrem Leben eintritt. Sie rechnet mit ein paar Wochen, längstens mit zwei oder drei Monaten. Spätestens dann wird einem Mann auffallen, dass sie hübsch ist.

TRAFOHAUS

Ich habe nie verstanden, was mit Paula wirklich los war. Am Anfang dachte ich, sie mache sich einen Spaß oder gehe zufällig in die gleiche Richtung, auch wenn der Sicherheitsabstand und die Art, wie sie sich in die Hausecken drückte, nicht dazu passten. Wenn Paula sich für jemanden entschieden hatte, war ihrem Körper eine leichte Spannung anzumerken, wie bei einer Katze, die zum Sprung ansetzt. Sie zog dann ihre Jacke an, nahm ihre Umhängetasche und setzte sich an den Tresen, jederzeit bereit aufzustehen und das Café zu verlassen.

Ich arbeitete zu dieser Zeit bereits zwei Jahre im „Fresko" und hatte schon viele erlebt. Leute, die neu in der Stadt waren und auf der Suche, durchgeknallt, verrückt, nicht aber jemanden wie Paula. Von der ich nichts wusste, außer dass sie aus der Lausitz kam und sich an der Kunsthochschule beworben hatte. Und die mich eines Abends einfach fragte: „Kommst du mit?" Noch heute erinnere ich mich an die Situation. Wie wir vorm Café standen und eine Zigarette rauchten. Und ich mich überrumpelt fühlte, nickte, ohne zu wissen, worauf ich mich einließ.

Paula folgte Jonathan. Jonathan, der die Bilder im Café gemalt hatte, in schwarzer Farbe direkt auf die Wand, wie gezeichnet: ein dickes Tier mit spitzen Ohren, das vor einer Kaffeemachine sitzt, die von oben mit Regenwasser und Bohnen gespeist wird und unten

Kaffee in winzige Tassen ausspuckt. Oder, an anderer Stelle: ein Bärenkopf, aus dem Äste wachsen, direkt in den blassen Himmel hinein. Wir folgten Jonathan bis zu seinem Atelier, und als er darin verschwunden war, stellte sich Paula ans Hoftor, reckte sich auf die Zehenspitzen und blickte in den hell erleuchteten Raum.

Von da an gingen Paula und ich zusammen, ohne dass wir es vereinbarten oder explizit darüber sprachen, immer hintereinander her, erst sie, dann ich. Dabei lernten wir nicht die Stadt kennen, nicht im eigentlichen Sinn. Wir hatten keinen Stadtplan, Straßennamen oder Sehenswürdigkeiten interessierten uns nicht. Denn die Zeichen, denen wir folgten, waren andere. Die Farbe einer Jacke, das Klackern von Absätzen auf dem Asphalt, Leuchtstreifen auf einer Umhängetasche, und wenn nichts von dem vorhanden war – und das war das schwierigste –, unserem Gefühl. Wir sprachen nicht viel, verständigten uns durch Handzeichen, die so viel bedeuteten wie: „Warte", „Nicht zu schnell", und: „Sei vorsichtig." Vielleicht waren das die wichtigsten Regeln in diesem Spiel.

Denn was wir machten, hatte etwas von einem Spiel. Und wie ein bockiges Kind sagte Paula eines Tages: „Heute machen wir es anders." Ich stand hinterm Tresen, während Paula Kissen nahm und sie draußen auf den Bänken vorm Café verteilte. Es war mild geworden, die Sonne wärmte, ohne zu brennen, und in der Grünanlage gegenüber blühten die Tulpen. Ich kann mich nicht erinnern, was ich Paula antwortete, ich kann mich an Klaviermusik erinnern, daran, dass im Hintergrund Chopin lief.

Paula ging schnell, über die Brücke und dann runter zum Fluss, am Ufer entlang, dicht am Wasser und immer geradeaus. Als wir an der Straße vorbeigingen, in der sich Jonathans Atelier befand, schloss ich die Augen. Hätte ich auch allein hierhergefunden? Hätte ich zu Jonathan gefunden, wenn ich nicht hinter Paula hinterhergelaufen wäre? Ich wusste es nicht. Paula ging erst langsamer, als wir uns dem alten Trafohaus näherten. Einem Haus aus Stein am Wehr, davor eine Wiese, das Gras hochgewachsen, mit Löwenzahn darin und Gänseblümchen. Früher hatte dort eine Rest-Art-Künstlerin gelebt, von der noch einige Skulpturen im Garten standen. Der Arm einer Schaufensterpuppe, der aus einem Einkaufswagen herausragte. Eine Trockenhaube, farbig angesprüht und Spülbürsten, die darauf montiert waren. Nach ihrem Tod war das Haus an die Stadt zurückgegangen, die den Ort für Ausstellungen und Workshops nutzte.

Vor der Tür standen Leute, und ich spürte, wie Paula nervös wurde. Sie schaute sich unsicher um, dann setzte sie sich auf einen der Klappstühle. Auch als Jonathan kam und die Teilnehmer des Malworkshops begrüßte, blieb Paula sitzen. Ich betrachtete sie dabei, setzte ihren Gesichtsausdruck zusammen wie ein Puzzle, dessen Teile sich unterschiedlich kombinieren lassen. Schaute Paula ängstlich? Irritiert? Unsicher? Nichts davon passte. Paula blieb sitzen, zwei Stunden lang, und erst als alle wieder herauskamen und ihre Bilder auf die Wiese zum Trocknen legten, stand sie auf.

Ich hätte gerne mit ihr gesprochen, auf dem Heimweg, am nächsten Tag im Café. Doch sie wollte nicht, blieb verschlossen, in sich gekehrt. Bei der Arbeit war sie jetzt noch konzentrierter als zuvor. Nur manchmal, wenn wenig los war, betrachtete sie die Bilder im Café, ging von einem zum anderen, langsam und so, als sehe sie sie zum ersten Mal. Und ich erinnerte mich, wie ich damals in die Stadt gekommen war, um zu zeichnen, wie ich Papiere zerrrissen und verbrannt hatte, wütend, enttäuscht, weil es nie gut, nie gut genug gewesen war. Und während ich so nachdachte, über Paula und das, was diesen Winter geschehen war, kippte der Frühling in den Sommer. Anfangs wunderte ich mich über die hellen Tage und lauen Nächte, wollte die Strickjacke nicht eintauschen gegen ein T-Shirt, dann aber gewöhnte ich mich an die flirrende Hitze, den Grillgeruch, die Stimmen bis spät in die Nacht. Und eines Abends zeichnete ich meinen ersten Stadtplan. Einen Plan mit all den Orten, die wir gemeinsam gesucht und gefunden hatten. Ich machte alles bunt, gab dem Fluss und dem Ufer eine Farbe, ich zeichnete Bäume ein und Blumen und Vögel, die in den Himmel flogen. Und weit draußen vor der Stadt zeichnete ich ein Haus. Ein Haus, wie es ein Kind zeichnen würde. Vier Striche mit Bleistift und ein spitzes Dach. Und als ich fertig war, stellte ich mir vor, der Plan würde auf der Wiese liegen. Und Paula würde ihn sehen. Und Jonathan würde etwas sagen, irgendetwas würde er dazu sagen.

UND ZWISCHEN UNS DAS MEER

FREUNDINNEN

EIGENTLICH IST NICHTS PASSIERT

KEIN HAUS NIRGENDS

WAS HEUTE ZU TUN IST

TAUCHEN

TREIBGUT

SOMMERENDE

UND ZWISCHEN UNS DAS MEER

Aboud kam plötzlich, eines Abends saß er auf der Treppe im Hinterhof, inmitten der anderen, mit einem Bier in der Hand und dieser dunklen Sonnenbrille. Ich weiß nicht, ob irgendjemand ihn kannte, ob er eingeladen war oder zufällig gekommen. Es spielte auch keine Rolle. Vielleicht, weil die Partys in diesem Sommer Überhand nahmen, weil wir den Überblick verloren hatten und es wenig Fixpunkte gab in unserem Leben. Ich glaube, ich hätte Aboud auch vergessen, so wie ich die anderen vergessen habe, die in meiner Wohnung übernachtet hatten. Ich hätte ihn vergessen, wenn er nicht diese Köpfe gemacht hätte. Köpfe, die in meinem Atelier stehen wie verlorene Trophäen.

Ich weiß noch, dieser Sommer war schwül und heiß. Aber das Hinterhaus bekam keine Sonne, und auch der Hof war immer schattig. Tagsüber lag ich in meiner Wohnung auf dem Bett, während im Nachbarhaus ein Mann Akkordeon spielte, bei geöffnetem Fenster, immer das gleiche Lied. Ich arbeitete nicht, seit der Absage von der Kunsthochschule hatte ich mein Atelier nicht betreten, und manchmal stellte ich mir vor, wie die Staubschicht dort anwuchs, sich über Möbel, Ton und Skulpturen legte wie eine zweite Haut.

Aboud folgte mir. Als sich die Party auflöste, ging er hinter mir die Treppe hoch, bis in meine Wohnung im vierten Stock. Im Türrahmen blieb er stehen, so als könne er sich nicht entscheiden, weder für das eine noch für das andere, nicht dafür, zu mir zu kommen, und nicht dafür, zurück in den Hof zu gehen. Ich wartete und spürte, wie ich die Schultern hochzog, wie ich das immer tue, wenn mich eine Situation überfordert. Nach ein oder zwei Minuten folgte mir Aboud in die Küche und begann in holprigem Englisch zu sprechen. Er stamme aus Syrien und sei übers Meer gekommen. Ich wusste, jetzt war noch die Möglichkeit da, „nein" zu sagen. Zu sagen: „Ich mag keinen Besuch, niemand, der länger bleibt." Doch ich schaute Aboud an, betrachtete sein ernstes Gesicht und sagte: „Welcome".

Am nächsten Morgen stand Aboud zuerst auf. Ich lauschte auf seine Schritte, verfolgte seine Bewegungen, erstaunt über die Sicherheit, mit der er sich in der fremden Umgebung bewegte. Als er die Ateliertür öffnete, protestierte ich nicht. Ich wehrte mich auch nicht, als er in meinem Atelier seinen ersten Kopf zu modellieren begann und von da an jeden Tag dort arbeitete, mit einer stillen Besessenheit, die mich zugleich faszinierte und erschreckte. Ich mochte es, seine Hände zu beobachten, weiche, geschmeidige Hände, die den Ton mit Vorsicht, ja beinahe Ehrfurcht behandelten. Sobald er einen Kopf fertig hatte, zeigte er ihn mir. Und wenn ich wollte, wenn ich in der Stimmung war, seine Geschichten zu hören, erzählte er. Von denen, die mit ihm im Boot gewesen waren. Die nach Europa gewollt hatten und nicht schwimmen konnten. Die niemand gefragt hatte, ob sie schwimmen konnten. Das, sagte Aboud, sei das eigentliche Problem gewesen.

Aboud blieb den ganzen Sommer. Einmal, als ich Besuch bekam, versteckte er sich im Atelier. Meine Mutter kam direkt aus dem Büro, sie trug ein helles Sommerkleid und Pumps, die sie noch vor der Tür auszog. Die Köpfe in meiner Wohnung bemerkte sie sofort. Köpfe ohne Haar. Gesichter mit leeren Augen und Mündern, weit geöffnet, so als schluckten sie Wasser. Meine Mutter betrachtete sie und sagte, ich solle mich nochmals bewerben. Es sei möglich, jedes Jahr im Frühling und dann wieder im Herbst, sie habe sich bei der Hochschule erkundigt.

Aboud und ich verbrachten viel Zeit miteinander. Am liebsten beobachteten wir die Leute im Nachbarhaus. Wenn Aboud jemanden sah, der ihn interessierte, stieß er mich mit dem Ellbogen an und flüsterte mir einen Namen ins Ohr. Syrische Namen. Farah für die junge Frau mit dem Baby, Esat für den Mann in den Jogginghosen, Hisham für den Akkordeonspieler. Ich mochte es, mir das Leben dieser Menschen vorzustellen, mir vorzustellen, was sie taten, wenn sie ihre Wohnungen verließen, welcher Arbeit sie nachgingen, welche Freunde sie trafen, in welchen Restaurants oder Cafés sie verkehrten. Ich glaube nicht, dass Aboud sich irgendetwas vorstellte. Ich glaube, für ihn agierten diese Menschen wie auf einer Bühne, für ihn waren das Wesen von einem anderen Planeten, glücklich und sicher.

Ich habe damit gerechnet, dass Aboud eines Tages einen besonderen Kopf modellieren würde. Ich habe es immer gewusst. Als es so weit war, schloss er sich im Atelier ein. Ich lauschte an der Tür und hörte ihn in fremder Sprache vor sich hinmurmeln, aufgeregt und unverständlich. Am Abend kam er heraus und zeigte mir den Kopf. Er war größer als die anderen, der Mund mit den geschwungenen Lippen geschlossen, und wenn nicht diese Augen gewesen wären, weit und groß vor Angst, man hätte sagen können, er sei schön. Zärtlich strich Aboud über den noch feuchten Ton. Dann bat er um eine Zigarette. Eigentlich rauchte er nicht. Wenn wir ihm abends im Hof eine Zigarette angeboten hatten, hatte er bisher abgelehnt. An diesem Abend aber rauchte er und erzählte. Von Zahira, dem Mädchen, mit dem er gerne ein neues Leben begonnen hätte. Das keine Angst gehabt hatte vor den Schleppern, ihrer Skrupellosigkeit, den Gefahren der Überfahrt. Das zu denen gehört hatte, die nicht schwimmen konnten.

Als Aboud seine Erzählung beendet hatte, gingen wir hinunter in den Hof. Wir legten uns ins Gras und schauten in den Himmel, der nie ganz dunkel wurde in diesen Nächten. Die ganze Zeit hatte ich mich gefragt, was ich Aboud sagen sollte, denn ich wollte sparsam umgehen mit meiner Geschichte. Doch jetzt sprach ich von der Kunsthochschule. Von dem Jahr, in dem ich jeden Tag an meiner Bewerbung gearbeitet hatte, wo sich ein Datum in meinen Kopf eingraviert hatte, fest und unverrückbar. Und Aboud hörte zu, versuchte zu verstehen, auch wenn es schwer war, mit dem Meer zwischen uns.

Am nächsten Tag ging Aboud nicht ins Atelier. Als ich aufwachte, stand die Tür offen. Ich sah seine Köpfe, die nebeneinander auf dem Regal standen und daneben meine Skulpturen und fand es plötzlich verrückt, dass Aboud hier in meinem Atelier arbeitete. Ich ging durch die Wohnung und fand ihn in der Vorratskammer. Eine Kammer, zwei auf zwei Meter, und der einzige Ort in meiner Wohnung mit Morgensonne. In der Kammer stand ein Tisch und auf dem Tisch ein Stuhl, und darauf saß Aboud, die Sonnenbrille, die er bisher nur zum Schlafen abgesetzt hatte, ins Haar geschoben.

Der Sommer blieb schwül und heiß. Ich weiß noch, dass Aboud nach Zahira keinen weiteren Kopf modellierte, dass unsere Hofgemeinschaft bröckelte und irgendwann ganz auseinanderbrach. Aboud und ich saßen oft zusammen in der Kammer, die Augen geschlossen, die Sonnenbrillen ins Haar geschoben. Saßen in der Morgensonne und schwiegen, so wie wir das meistens getan hatten, wenn es nicht um die Köpfe gegangen war, über die wir uns in unserem holprigen Englisch verständigt hatten. Manchmal umarmte mich Aboud vorsichtig und so, als habe er Angst, mich zu berühren. Danach erzählte er von Zahira, und ich dachte, dass er nur geübt hatte, bei all den anderen Köpfen zuvor, wie ein Marathonsportler vor dem großen Lauf. Als der Sommer zu Ende ging und die Tage kürzer wurden, verließ mich Aboud.

Ging so plötzlich wie er gekommen war. Zahira nahm er mit, die anderen Köpfe blieben zurück. Sie stehen im Atelier und begleiten meine Tage.

FREUNDINNEN

Rosa legt das Feuerzeug auf den Tisch. Es ist ein schönes Feuerzeug, silberfarben und schlank. Ich habe nicht damit gerechnet, dass Tom es mir zurückgeben würde, murmle „Danke" und lasse es in meiner Hosentasche verschwinden. „Möchtest du Kaffee?", frage ich. Rosa lässt sich auf einen der Küchenstühle fallen. „Espresso wäre mir lieber." Ich suche im Küchenschrank nach meiner Espressokanne, stelle sie auf den Herd und warte, bis das kochende Wasser zischend aufsteigt. Durch die Innentasche meiner Jeans spüre ich das kühle Metall des Feuerzeugs. Es ist nicht so, dass ich vergessen habe, was passiert ist. Ich kann mich sehr gut erinnern, ich habe nur lange nicht mehr daran gedacht.

Rosa, Tom und ich fuhren zusammen auf die Insel, im letzten Sommer, bei dreißig Grad und Seewind, der nicht mehr war als eine lauwarme Brise. Ich sah Rosa und ihren neuen Freund schon von weitem am Fähranleger. Ich ging auf sie zu, umarmte Rosa und reichte Tom die Hand. Er wirkte massig, ohne dick zu sein, und mein erster Gedanke war: „Eigentlich ist er nicht Rosas Typ. Ganz und gar nicht." Wir gingen auf die Fähre, fuhren zur Insel und mit dem Bus zu unserer Unterkunft. Als wir unsere Rucksäcke auspackten, flüsterte Rosa: „Und, wie findest du ihn?" „Nett", antwortete ich und sah sie dabei nicht an. Wir standen im Bad, und Rosa nahm meinen Lippenstift aus der offenen Kulturtasche. „Darf ich?"

Später gingen wir an den Strand, setzten uns in die Dünen, tranken Wein aus Plastikbechern und redeten, bis die Dunkelheit hereinbrach und der Leuchtturm sein Licht kreisend über das Watt schickte.

Die ersten Tage verbrachten wir am Strand. Wir schwammen, lasen und dösten in der Sonne, während der Wind an unserem Sonnensegel riss und die Wellen unaufhörlich an den Strand rollten. Ich genoss das. Wochen zuvor hatte ich die Tage im Kalender gezählt. Hatte mich zu erinnern versucht, wie es letztes Jahr gewesen war, die Jahre zuvor, all die Jahre, in denen ich mit Rosa in den Urlaub gefahren war. Einmal hatte ich sie sogar angerufen. „Streichst du auch die Tage ab, mit einem dicken Bleistift, von links oben nach rechts unten?" Rosa hatte geantwortet: „Nein, ich arbeite, ich denke erst an den Urlaub, wenn ich packen muss."

Als es kühler wurde, machten wir eine Radtour. Rosa fuhr voraus, gab das Tempo vor, ohne sich umzudrehen, rechts Weideland, links das Meer. Tom und ich konnten ihr nur mit Mühe folgen. Ich glaube, bei ihm lag es vor allem am Fahrrad. Schon beim Verleih hatte etwas nicht gestimmt, hatte es ausgesehen, als sitze ein großer Mann auf einem viel zu kleinen Fahrrad. Als er aufgab, fragte ich: „Was ist los?", und er zuckte mit den Schultern. Wir legten uns ins Gras und sahen in den Himmel, der wolkig war und weit wie ein aufgespanntes Tuch. Dabei spielten wir ein Spiel, das ich aus Kindertagen kannte. Fantasietiere in den Wolken suchen und sie dem anderen beschreiben. Ich rief: „Siehst du den Drachen da, sein aufgerissenes Maul, den gezackten Schwanz? Oder da, das Einhorn? Kannst du das erkennen?" Und Tom antwortete, nein, er sehe gar nichts, nur Wolken, zerfleddert vom Wind.

Wir fuhren zum Strand, setzten uns in den Sand und rauchten. Ich gab Tom Feuer, und als er sagte, ihm gefalle mein Feuerzeug, erzählte ich ihm von dem kleinen Laden, in dem ich es gekauft hatte, dem kauzigen Verkäufer und meinem Erstaunen darüber, dass jemand so viel über Feuerzeuge wissen konnte. Dabei sahen wir aufs Meer, über dem die Möwen kreisten wie Wächter über einem ungeborenen Schatz. Und später gingen wir schwimmen. Und manchmal schauten wir uns an, lächelten, hielten uns mit dem Blick fest. Und manchmal küssten wir uns, scheu auf die Lippen, kühle, feuchte Wasserküsse. Toms Gesicht war dann ganz weich, seine Augen weit geöffnet, neugierig, und an seinen Wimpern reihten sich die Wassertropfen aneinander wie winzige Perlen. Ohne Worte fanden wir einen gemeinsamen Rhythmus. Warum es gerade jetzt geschah, warum nicht vorher, nicht nachher? Darauf gab es keine Antwort. Plötzlich zerriss ein Donnerschlag die Luft, gefolgt von grellem Blitz und prasselndem Regen. Auf der Nachbarinsel, weit entfernt von uns, blinkte der Leuchtturm.

Auf dem Rückweg kamen wir an einem Restaurant vorbei. Die Inneneinrichtung stammte aus den Siebzigerjahren, und auf den Fensterbrettern standen Kakteen und Gummibäume. Wir waren die einzigen Gäste, und als die Bedienung kam, in Holzpantinen und herausgewachsenem Kurzhaarschnitt, flüsterte ich: „Das könnte der Anfang eines Horrorfilms sein." Tom lachte nur. „Wie kommst du darauf?" „Weiß nicht, ist einfach so ein Gefühl." Ich stand auf und ging zum Fenster, bohrte den Finger in die trockene Erde der Pflanzen, und als Tom sich neben mich stellte und versuchte, mich zu küssen, wehrte ich ab.

Wir blieben noch fünf Tage auf der Insel. Tage, die wir am Strand verbrachten und die den ersten ähnelten wie diese Bilder in Klatschtechnik, die Kinder im Kindergarten gestalten. Ich vermied es, Tom direkt anzuschauen, vermied es, über irgendetwas nachzudenken. Am letzten Abend gingen wir noch einmal an den Strand. „Ebbe", sagte Tom nur. Und für einen Moment war die Stimmung komisch zwischen uns, nah und voller Spannung. Ich glaube, Rosa hat das gespürt, ich glaube in diesem Moment hat sie etwas gespürt. Denn plötzlich stand sie auf und ging zurück. Ich folgte ihr, und als ich sie in den Dünen einholte, erschrak ich. Sie hatte meinen Lippenstift genommen und sich geschminkt, ohne Spiegel, über die Ränder der Lippen hinaus. Wie ein trauriger Clown hat sie ausgesehen.

Die Zeit mit Rosa zieht sich in die Länge. Wir verbringen den Samstag in der Stadt, sitzen in den Cafés am Fluss, gehen tanzen bis in die Nacht. Als Rosa am späten Sonntagvormittag verkündet, sie wolle jetzt fahren, bin ich erleichtert. Während sie ihre Sachen packt, räume ich den Tisch ab. Als ich die Espressokanne zurück in den Schrank stelle, hängt an der Tür noch immer Toms Postkarte. Eine Hochglanzpostkarte, die das Meer zeigt, hohe, dunkle Wellen, spritzende Gischt, ein paar Möwen am Horizont. Ich habe Tom nie auf diese Karte geantwortet. Die Karte ist mit Tesafilm befestigt, daneben hängen Urlaubskarten aus Indien, Griechenland, Italien und den USA. Ich reiße die Karte ab, lese noch einmal Toms wenige Zeilen. „Lisa, ich habe es versucht, ich habe es wirklich versucht, es geht nicht. Ich trage das Feuerzeug ständig bei mir, ich will dich sehen. Unbedingt. Tom." Dann öffne ich das vordere Fach von Rosas Handtasche und lege die Postkarte hinein. In der Küche ist es still, die Uhr über dem Tisch bleibt stehen, draußen fällt Regen lautlos auf die Stadt.

EIGENTLICH IST NICHTS PASSIERT

Anne hat das nicht gewusst. Als der Notar ihr eröffnet, sie werde eine Scheune erben, steht sie auf und geht hinaus. Sie läuft ein paarmal auf dem Gang auf und ab. Sie holt sich einen Kaffee vom Automaten, stellt sich ans Fenster und schaut hinaus auf die städtische Grünanlage.

Isa starb vor fünf Wochen, an einem dieser heißen Julitage, als das Licht in der Klinik nur durch schmale Jalousienschlitze auf den Boden fiel, als alles im Zimmer schwarz-weiß war, das Bett, der Einbauschrank, der Tisch mit den beiden Stühlen. Anne saß an Isas Bett, hielt ihre Hand, überbrachte Botschaften im Flüsterton. „Ich bin da", „Alles ist gut", und: „Du wirst keine Schmerzen haben, wenn es soweit ist, wirst du keine Schmerzen haben." Ab und zu kam die Schwester, schüttelte die Kopfkissen auf, brachte Medikamente und Pfefferminztee. Und Anne war dankbar für diese Geste der Fürsorge. Auch wenn sie wusste, dass, wenn das hier vorbei war, sie ihn nie wieder trinken würde. Nie wieder Pfefferminztee.

Am nächsten Tag fährt Anne los, vierhundert Kilometer, erst Autobahn, dann Landstraße. Am späten Nachmittag errreicht sie das Dorf, in dem die Scheune steht. Eine Scheune mit morschem Fachwerk und zersplitterten Fensterscheiben, die Anne in Gedanken Isas Haus nennt, so als gebe es Stockwerke darin und Zimmer, so als könne man darin wohnen. Das Scheunentor ist verschlossen. Anne erstaunt das. Sie hat immer gedacht, auf dem Land sei das anders. Haustüren und Autos offen, keine Einbrecher, ein Eldorado der Sicherheit, ein Rückzugsort vor den Gefahren dieser Welt. Denn hatte sich das nicht immer so angehört, in den Geschichten vom aufs Land ziehen, die auf den Partys kreisten, hatten sie das nicht immer so erzählt? Anne setzt sich ins Gras, isst belegte Brötchen und trinkt aus ihrer Wasserflasche, während die Sonne langsam tiefer sinkt, hinter das Scheunendach rutscht, so als wolle sie sich verstecken.

Anne geht zu dem Bauernhaus neben der Scheune. Es muss das Haus sein, in dem Jonas wohnt. Jonas, von dem sie zum ersten Mal bei der Testamentseröffnung gehört hat, von dem sie keine Vorstellung hat, außer dass er zu Isas Vergangenheit gehört. Anne sucht eine Klingel, eine Glocke, einen Türklopfer, um sich bemerkbar zu machen. Aber es gibt nichts. Anne geht in den Garten und findet Jonas inmitten einer Reihe von hochgewachsenen Bohnenpflanzen, in Shorts und Leinenhemd, das Haar sehr kurz und grau. Sie geht auf ihn zu, streckt ihm die Hand entgegen und denkt: „Das ist er also." Und Jonas sagt: „Herzlich willkommen" und umarmt sie kurz und fest.

Anne folgt Jonas ins Haus. Ein Haus mit niedrigen Decken und kleinen Fenstern, in das nur wenig Licht dringt. Jonas führt sie in die Küche, bietet ihr etwas zu Trinken an und sagt, sie könne übernachten. Anne ist froh, dass er es ihr leicht macht und keine Fragen stellt. Dass er Tee kocht, das Abendessen vorbereitet, Wein aus dem Keller holt, Wein aus der Region, den sie, Anne, unbedingt probieren müsse. Und dass er in einem der Zimmer ein Bett für sie bezieht, die Vorhänge beiseite schiebt und das Fenster öffnet, vor dem Anne nach dem Abendessen, noch lange und bis spät in die Nacht hinein sitzt. Durch das sie hinausschaut in die Sommernacht, die nicht still und nicht dunkel ist, und von der sie meint, sie und nichts Anderes halte sie vom Schlafen ab.

Am nächsten Morgen gibt Jonas Anne den Schlüssel. Sie gehen hinüber zur Scheune, und Jonas zeigt Anne eine Reihe von aneinandergelehnten, schmalen Paketen, eingeschlagen in Papier. Anne packt sie aus, und zum Vorschein kommen Leinwände. Landschaftsgemälde. In grobem Pinselduktus. Übereinandergelagerte Farbschichten, an einigen Stellen wieder abgetragen. Naturtöne, Grün, Braun, am Horizont ein Stück Blau. Anne betrachtet die Bilder lange, so als warte sie auf etwas, eine Erkenntnis, irgendetwas, das sie zuvor übersehen hat. Als sie ins Haus zurückgehen, fragt sie: „Was sollen wir tun?", und Jonas sagt, er könne sich eine Ausstellung vorstellen, nicht erst jetzt, all die Jahre habe er daran gedacht.

Die Tage bis zur Vernissage sind lang, heiß und trocken. Jonas arbeitet im Garten, und Anne geht spazieren. Durch Wälder und vorbei an Feldern, in denen die Ähren hoch stehen. Sie nimmt Butterbrote mit und Tee,

Apfelschnitze, Schokoriegel, sie lässt ihren Gedanken freien Lauf. Am Nachmittag, wenn sie müde ist und ihre Schuhe staubig, kehrt Anne im Dorf ein, trinkt Kaffee in der einzigen Bar, inmitten alter Männer, die sie misstrauisch beäugen. Und am Abend kocht sie mit Jonas, und sie reden, sparsam und als wägten sie sorgsam ab, was sie einander preisgeben wollten.

Einmal fährt Anne mit Jonas in die Stadt und kauft ein Kleid. Als sie aus der Umkleide kommt, sagt die Verkäuferin: „Gut steht Ihnen das." Anne dreht sich vor dem Spiegel und blickt hinaus zu Jonas, der vor dem Schaufenster auf- und abläuft. Ihr gefällt das Kleid, ein altmodisches Samtkleid, lila, mit Stehkragen und Rüscheneinsatz. Isa hätte es an ihr gemocht. Sie hat Anne gern in Kleidern gesehen, sie selbst hat nur Jeans getragen, Jeans und T-Shirt, das Haar immer kurz.

Am Abend der Vernissage zieht Anne das Kleid an, dazu hohe Schuhe, sie schminkt sich. Eine Rede hat sie nicht vorbereitet, sie weiß, dass manche vielleicht eine Rede erwarten, aber sie hat sich entschieden, keine zu halten. Als sie zur Scheune geht, sieht sie Jonas im Garten. Er läuft zwischen den Bohnen hindurch, mit unsicheren Schritten, und Anne hat plötzlich Angst, er könnte vielleicht gar nicht kommen, sondern bleiben, wo er zweifellos hingehört, in diesen Garten hinter dem Haus, in diese Natur, die ihn umgibt wie ein schützender Kokon.

Isas Freunde kommen in einem alten VW-Bus, sie schlafen in Zelten, in der Scheune und unter freiem

Himmel. Sie ziehen durch die Ausstellung, sie diskutieren aufgeregt und laut und stellen Anne viele Fragen. Jonas steht den ganzen Abend am Eingang und nippt an einem einzigen Glas Sekt. Später wird er sagen, dass er eigentlich keinen Alkohol trinke, er in diesem Fall aber eine Ausnahme gemacht habe. Weil er sich sicherer gefühlt habe, besser gewappnet gegen die Meute.

Als die Vernissage zu Ende ist, fragt Anne: „Warum hast du nichts gesagt? Dann, als es die anderen hören wollten?" Gemeinsam räumen sie auf, stellen Sektgläser zusammen, packen Brezeln zurück in Tüten. Als sie fertig sind, prasselt draußen der Regen. Sie nehmen ihre Jacken über den Kopf und rennen in Richtung Haus. „Wenn du gehst, bleiben die Bilder. Das war die Bedingung", schreit Jonas in die Nacht hinein. Und Anne hat das Gefühl, alles um sie herum verschwimme, die Scheune, das Haus, der Garten. Und für einen Moment will sie Jonas alles erzählen. Wie Isa dalag, den Kopf zur Seite geneigt, und die Schwester sie sanft von ihrem Bett wegzog. Sie will das Jonas erzählen, so als sei jetzt der Zeitpunkt dafür, als gebe es im Leben für alles immer nur einen, einen richtigen Zeitpunkt.

Als Isas Freunde abgereist sind, wohnt Anne mit Jonas in seinem Haus. Sie hilft ihm im Garten und begleitet ihn einmal in der Woche auf den Markt. Sie bietet Gemüse an, Kartoffeln, Obst und freut sich, wenn die Menschen mehr kaufen als auf ihren Einkaufslisten steht. Wenn der Markt zu Ende ist, sitzt sie mit Jonas in der Bar am Rande des Platzes, immer draußen, auch dann noch, als der Herbst schon an Farbe verliert. An einem dieser Nachmittage sagt Jonas: „Überleg's dir. Die Winter sind kalt und manchmal bin ich eingeschneit." Anne nickt. Isa mochte Schnee. Und sie stellt sich vor, wie das gewesen sein musste: Isa, hier draußen auf dem Land. Die Landschaft um sie ganz weiß, mit nichts als ihren Fußspuren darin. Fußspuren vom Haus in den Garten, zur Scheune und zurück. Als sie Jonas davon erzählt, zuckt er mit den Schultern. „Spielt das eine Rolle? Ich meine, spielt irgendetwas noch irgendeine Rolle?"

KEIN HAUS NIRGENDS

Ich lernte den Polen kennen, als ich gerade beschlossen hatte, aufzugeben. Die Bar war voll. Männer in groben Hosen und dunklen Haaren tranken Flaschenbier und Schnäpse. Männer, über die ich nichts wusste, außer dass sie jeden Abend hierher kamen, in Arbeitskleidung und immer um die gleiche Uhrzeit. Ich hatte in holprigem Schulenglisch nach dem Hof gefragt, und die Männer hatten die Köpfe geschüttelt. Nur der Pole hatte aufgeblickt. Er war nicht alt, aber älter als ich, sein Körper war dünn, das Gesicht schmal mit dunklen Augen hinter einer viel zu großen Hornbrille. Er erzählte, dass sein Großvater auf einem Hof gearbeitet habe, ganz in der Nähe. Und vielleicht gab ich ihm deshalb das Foto. Es war das einzige, das meiner Familie nach der Flucht geblieben war. Ich hatte es heimlich aus dem Fotoalbum herausgenommen. Zwischen Fotos aus den Fünfziger- und Sechzigerjahren, zwischen Mutter im Petticoat und Opa in seinem ersten VW Käfer hatte es sowieso immer fremd gewirkt. Es zeigte ein großes Haus mit einem Turm, davor einen Teich, alles tief verschneit. Der Pole betrachtete es, nickte und dann fuhren wir los, lange und bis hinein in die Nacht. Als wir müde wurden, übernachteten wir im Auto, der Pole schlief tief und fest, ich lag die meiste Zeit wach und starrte in die Dunkelheit. Als es draußen hell wurde, lief ich die staubige Straße ins Tal hinab und pinkelte auf verdörrtes Gras. Es fehlte der Regen, schon seit Wochen. Ich wusste das von den Männern aus der Bar. Als ich zurückkam, lief der Pole vor dem Auto auf und ab. Er gab mir eine Wasserflasche und ein mit fettiger Wurst belegtes Brot, dann fuhren wir weiter.

Es war ein warmer Morgen, die Landschaft weit und groß, Felder und Hügel in hellem Sonnenlicht. „We are almost there", sagte der Pole, und ich hatte das Gefühl, ich müsse mich jetzt freuen. Aber ich fühlte nichts, nur klebrigen Schweiß auf meiner Haut. Der Hof war groß, größer als ich gedacht hatte, und er war halb verfallen. Ich war nicht darauf vorbereitet, ich war auf nichts vorbereitet, das spürte ich jetzt. Der Pole führte mich zum Haus, er trat die morsche Tür ein, und als wir in der Eingangshalle standen, sagte er: „Here we are." Die Halle war geräumig und hatte einen Mosaikboden aus Stein, der mit Staub und Schutt bedeckt war. Der Pole zeigte mir die Zimmer im Erdgeschoss. Das Esszimmer mit dem Kachelofen, den Salon, das Herrenzimmer, die Küche. Seine Stimme hatte dabei den Ton eines Reiseführers. „That's where they used to eat and where they used to play chess. That's where all the cooking was done." Ich hörte zu, ich fragte nichts, dachte nichts, ich ließ mich führen, so als sei das nicht das Elternhaus meiner Mutter, sondern irgendein Haus. Und vielleicht war es das auch. Vielleicht gab es Dutzende von diesen Häusern hier, vielleicht waren sie alle gleich.

Der Pole setzte sich im Wohnzimmer auf den Boden. Die Sonne stand hoch, schien auf zersplitterte Fensterscheiben, dreckigen Boden und Wände, von denen der Putz abbröckelte. „Where has all the furniture gone?" Es war das erste, was ich fragte. Der Pole wusste es nicht. Er war sehr still, saß im Schneidersitz, ganz gerade und mitten im Raum. Sein Kopf war nach vorne geneigt und in den Händen verborgen. Die Brille mit den großen Gläsern lag neben ihm, und als er den Kopf hob und mich ansah, waren seine Augen rot und klein. Ich wusste nicht, was ich tun sollte. Ich berührte ihn sanft mit der Hand an der Schulter. Er zuckte zusammen, so als habe ich ihm einen elektrischen Schlag versetzt.

Ich ging langsam zu einem der Fenster. Ich drückte mit den Händen einige Glassplitter heraus. Dabei schnitt ich mich am kleinen Finger und umwickelte ihn mit einem Taschentuch. Die Sonne schien mir direkt ins Gesicht, brannte auf der Haut, helle Haut, schon immer war ich empfindlich gewesen. Ich wusste nicht, wie lange ich am Fenster gestanden hatte, wie lange der Pole auf dem Boden gesessen hatte. Es war mir egal, ich wollte nicht wissen, ob er noch weinte. Ich wollte gar nichts wissen. Ich entfernte weitere Glassplitter aus der Scheibe. Und dann immer mehr. Ich fühlte mich gut dabei, zum ersten Mal seit Tagen fühlte ich mich gut. Als es kein Glas mehr gab, drehte ich mich um. Der Pole hatte den Kopf gehoben, zog sein T-Shirt aus und reichte es mir, um mir damit die Hand zu verbinden. „Are you o.k.?" Ich nickte.

Wir gingen zum Auto, und später konnte ich mich nicht an die Fahrt erinnern, zumindest nicht an Einzelheiten, nur an Hitze, Staub und die Weite einer Landschaft, wie ich sie aus Deutschland nicht kannte. Als wir vor der Bar hielten, war es Abend. Wieder saßen die Männer dort, und als sie mich sahen, prosteten sie mir zu. Einer sagte, dass sie in der Nähe auf dem Bau arbeiteten. „All new." Er grinste. „New houses." Und rieb Mittelfinger und Zeigefinger am Daumen. „Money. Rich people." Und mit Blick auf seine Kameraden. „Good for us." Die Männer nickten, nicht ohne Stolz, und die Flaschen schlugen aneinander. Kurz darauf kam die Bedienung und teilte Suppe aus, stellte auch mir einen Teller hin, Eintopf mit Würstchen, dazu in dicke Scheiben geschnittenes Krustenbrot. Ich aß, und als ich fertig war, gab mir der Pole ein Zeichen. Und während die Männer allmählich zum Schnaps übergingen, folgte ich ihm nach draußen. Die Sonne stand tief und wärmte die Haut, ohne sie zu verbrennen. Wir liefen die Straße hinunter. Nicht weit, nicht mehr als vielleicht ein paar hundert Meter, vorbei an Feldern bis hin zu einer Lichtung, wo die Grundmauern eines Hauses standen. Der Pole blieb stehen. „That's where my grandfather worked." Ich legte ihm die Hand auf die Schulter. Diesmal zuckte er nicht zusammen, und auf dem Rückweg erzählte er, dass sein Großvater das Haus seines Herrn hatte verteidigen wollen und dabei von den Russen erschossen worden war. Seine Worte waren leise und eindringlich und drangen zu mir wie ein fernes Flüstern. Als wir die Bar erreichten, war die Sonne untergegangen, aber das Grölen der Männer drang bis hinaus auf die Straße.

WAS HEUTE ZU TUN IST

Ich habe in der Klinik angerufen. Schwester Lena war am Apparat, oder vielleicht hieß sie auch Lea. So genau habe ich das nicht verstanden. Es ist auch nicht wichtig. Ob sie nun Lena oder Lea heißt. Dass ich mich um zwölf Uhr melden soll und dann mit einem Arzt sprechen kann, das habe ich verstanden.

Es ist zehn Uhr. Mir bleiben zwei Stunden. Zwei Stunden, um ein Nachthemd zu kaufen. Eines zum Durchknöpfen, nicht zum über den Kopfziehen, eines mit kurzem Arm und in Größe 46. Ich werde es nach Hause bringen, die Etiketten abmachen und in die Kliniktasche legen. Zusammen mit den anderen Sachen. Den Handtüchern, den Waschutensilien, der Unterwäsche. Bevor ich gehe, räume ich meine Wohnung auf, spüle Geschirr, gieße Blumen, mache Betten und hole die Zeitung aus dem Briefkasten. Ich mache alles wie immer, obwohl es sich seltsam anfühlt, alles wie immer zu machen.

Draußen ist es heiß, seit Tagen schon hat sich die Hitze in der Stadt festgesetzt, wabert um die Häuser und Straßen wie Dampf. Ich laufe zu dem großen Platz, wo das einzige Kaufhaus der Stadt steht. Wo Busse und Straßenbahnen in alle Richtungen losfahren und ankommen, wo alles zusammenläuft und wieder auseinander. Autos und ein Mann auf einem Skateboard fahren an mir vorbei, eine junge Frau mit einem schreienden Säugling im Kinderwagen steht vor mir an der Ampel. Wie durch einen Schleier nehme ich wahr, wie sich die Menschen fortbewegen, wie das Leben pulsiert.

Ich passiere die Drehtür des Kaufhauses, nehme die Rolltreppe bis in den ersten Stock, sehe Schlafanzüge und Nachthemden auf Schaufensterpuppen hängen wie tote Lappen. Ich fahre mit den Fingern über die Stoffe, Satinstoffe, Baumwollstoffe, Frotteestoffe, frage die Verkäuferin nach Nachthemden und schaue ihr nach, wie sie im Lager verschwindet. Sie kommt mit einem gestreiften Nachthemd wieder, durchgeknöpft und in der richtigen Größe. „Das kann man auch offen tragen, mit einem T-Shirt drunter." Sie meint es gut, das spüre ich. „Ein T-Shirt über den Kopf anziehen geht nicht", sage ich und deute mit einer vagen Geste an den Hals. Ich muss dabei an den Monitor denken neben deinem Bett. Dieses Piepen, das auftritt, wenn deine Atemleistung nachlässt. Wenn du noch Atemluft über einen Schlauch im Hals brauchst.

Noch eine Stunde. Zeit, um an die Kasse zu gehen und zu bezahlen, in der Schlange zu stehen und mit den Rolltreppen ins Erdgeschoss zu fahren. Zeit, um ins Café um die Ecke zu gehen. Wo die meisten Gäste draußen sitzen, junge Leute, Studenten, unter Sonnen-schirmen und auf Holzbänken. Ich setze mich nach drinnen ins Nebenzimmer, trinke den Eiskaffee in langsamen Schlucken, nehme den Löffel, zertrümmere die Eiswürfel, denke: „Nichts wird mehr so sein, wie es war." Mein Handy vibriert, zeigt mir die Ankunft einer Nachricht. „Soll ich kommen? Ich könnte den Nachtzug nehmen. Matthias." Ich trinke meinen Eiskaffee aus, die restlichen Würfel sind inzwischen vollständig geschmolzen, und stelle das Glas auf die Ablage.

Noch fünfzehn Minuten. Ich verlasse das Café und gehe über den großen Platz nach Hause. Wieder vibriert mein Handy. „Komme morgen Vormittag an. Matthias." Ich atme durch. Matthias wird mit mir in die Klinik fahren. Zusammen werden wir vor dem Monitor stehen und mutmaßen, wie es dir geht. Gemeinsam mit den Ärzten reden. Ich schließe meine Haustür auf, gehe die Treppen hoch in die verdunkelte Wohnung, mache Licht, packe das Nachthemd in die Tasche. Zu den anderen Sachen, die ich schon am Morgen gerichtet habe. In der Küche trinke ich ein Glas Wasser. Noch mehr Kaffee wäre auch gut. Gegen die Erschöpfung. Die Bilder, die ich nicht loswerde. Als du am Boden lagst und Rettungssanitäter dich aufhoben. Als sie dich in die Notfallambulanz schoben, notdürftig verpflastert und um den Hals diesen Stiffneck. Ich möchte mit den Fäusten gegen die Wand trommeln oder schreien oder alle Bücher aus dem Regal reißen oder ganz still sein. Oder weinen. Doch all das werde ich nicht tun. Ich werde weitermachen. Das tun, was heute zu tun ist. Ich wähle die Nummer der Klinik. Es tutet vier Mal, dann nimmt Schwester Lea ab. Dieses Mal kann ich ihren Namen deutlich verstehen. Es dauert einen Moment, dann verbindet sie mich weiter.

TAUCHEN

Das mit Ariane war flüchtig. Wie dieser Sommer am See, den ich mit Schwimmen und Schreiben verbrachte. Dessen Tage einander ähnelten, ineinandergriffen wie Räder in einem Uhrwerk. In denen ich in Shorts und T-Shirt umherlief, immer mit feuchtem Haar und ein paar Sätzen im Kopf, die ich sogleich niederschreiben wollte. Als ich Ariane zum ersten Mal sah, trug sie ein dunkelblau-gestreiftes Kleid mit Spaghettiträgern. Ich trank ein Bier in der Cafeteria, während sie am Nachbartisch Mensch-ärger-dich-nicht spielte. Mit einem jungen Paar, das rundliche Gesichter hatte und schräg stehende Augen. Ariane hatte bereits zwei Figuren im Ziel, aber Fine und Johann gaben nicht auf. Als es ihnen gelang, Ariane rauszuwerfen, stimmten sie ein Freudengeheul an, und als sie drei Sechsen hintereinander würfelten, umarmten sie sich. Ariane schaute zu mir rüber. Nicht entschuldigend, aber doch um Verständnis bittend. Und für einen Moment trafen sich unsere Blicke.

Von da an grüßte Ariane, hob die Hand, wenn sie mich sah, lächelte. Ein Lächeln in einem nicht mehr ganz jungen Gesicht. Unregelmäßige Zähne. Ungeschminkt. Sie begleitete eine Gruppe von Behinderten und war meistens den ganzen Tag unterwegs. Wenn sie sich nach dem Frühstück im Foyer versammelten, fragte ich: „Und, was habt ihr heute vor?" Ariane konnte dann

antworten: „Wir gehen in den Zoo" oder „ins Museum",
oder: „Heute schauen wir uns einen Kinofilm an." Und
komischerweise mochte ich das. Dieses Wissen, was
Ariane den Tag über machte.

Eines Morgens trafen wir uns am See. Es war noch
früh, und die Berge ragten spitz und klar in einen
blauen, wolkenlosen Himmel. Ich kam gerade vom
Schwimmen, als ich Ariane am Steg sitzen sah. Im
Schneidersitz, einen leichten Pullover über ihr Kleid
gezogen. Ariane, von der ich bisher nur ihren Namen
wusste. Den sie mir eines Tages zugeflüstert hatte,
kurz bevor sie mit ihrer Gruppe aufgebrochen war. Ich
trocknete mich ab und setzte mich neben sie. Ariane
sagte, dass sie jeden Tag einmal hier sei. Allein am
See. Ihr das guttue, unendlich gut. Ich nickte. Dass
ich so oft wie möglich kam, verschwieg ich. Dass der
See für mich ein Kraftort war, Schreiben und Wasser
zusammengehörten. Wasser gut war gegen Schreib-
blockaden, gegen Spannungen, gegen Einsamkeit. Ich
habe das Ariane nicht gesagt. Ich habe es auch später
nicht getan, und manchmal bereue ich das. Was hätte
ich riskiert? Nichts oder doch alles?

Der See wurde zu unserem Treffpunkt, zu einem Ort
des Gedankenaustauschs. Ariane machte die Beglei-
tung der Behindertengruppe ehrenamtlich und fand
die beiden anderen Betreuerinnen schwierig. Zu streng.
Vor allem die Langhaarige mit der dunklen Brille. Und
sie mochte die Behinderten. Fine und Johann, ihre
Schützlinge. Die einander nie aus den Augen ließen und

sich die wundervollsten Dinge sagten. Dinge, die so zu ihr noch niemand gesagt hatte. Ich erzählte, dass ich hier sei, um meinen Roman zu beenden. Eine Geschichte am See, ein Taucherunfall. Eine männliche Leiche, gefunden im Schilf, nahe des Bootshauses. Ariane fand das spannend. Sie selbst sei Taucherin. Mache jedes Jahr Urlaub am Roten Meer, wegen der Korallenriffe, einzigartig seien die. Auch wenn viel passiere, da habe ich schon recht. Trotzdem, und manchmal wundere sie sich über sich selbst, habe sie keine Angst.

Ich kam gut mit dem Schreiben voran, saß am Laptop, schwamm oder lag auf dem Steg in der Sonne. Ansonsten ereignete sich wenig. Kleinigkeiten. Wie diese Sache mit der Brille, die ich zufällig mitbekam. Sofia aus der Gruppe hatte in der U-Bahn ihre Brille verloren. Sie weigerte sich, einen Rucksack oder eine Tasche zu benutzen, so dass sie ihren Schlüssel, Geldbeutel und Brillenetui in der Hand mit sich herumtrug. Als sie den Verlust bemerkte, heulte sie. Die anderen drängten sich mitfühlend um sie, und Ariane sagte: „Wir werden im Fundbüro anrufen. Bestimmt wurde die Brille abgegeben." Sie wiederholte es mehrmals, bis ihr die Langhaarige einen warnenden Blick zuwarf.

Ariane sagte, es gebe oft Auseinandersetzungen. Man werfe ihr vor, sie sei zu locker. Vor allem mit Fine und Johann. Aber warum sollte sie sie ständig trennen? Warum sollte sie das tun? Ganz im Gegenteil. Sie finde es beruhigend. Dass es so etwas noch gebe. Mich berührte Arianes Offenheit. Vielleicht, und darauf kam ich erst später, habe ich einfach nicht verstanden, dass es ihr nicht gutging in dieser Zeit. Ich habe, glaube ich, erst aufgehorcht, als es zu spät war.

Ariane hatte am Abend mit ihrer Gruppe Lagerfeuer gemacht und mich dazu eingeladen. Es war warm, einer jener Sommerabende, die man am liebsten festhalten möchte. Ankreuzen im Kalender, um sich dann, im Herbst und Winter, erinnern zu können. Wir hatten eine Schubkarre mit Holzklötzen, die aber nicht brennen wollten. In der Küche gaben sie uns Sperrholzkisten, die wir zerrissen, um das Feuer anzufachen. Wir saßen auf Bierzeltgarnituren im Kreis und grillten, schnitzten Stöcke, spießten Würste auf und reichten sie den Behinderten, die sich freuten wie Kinder. Sofia, die Frau mit der Brille, war auch dabei. Sie hatte jetzt einen Rucksack und hielt ihn vor die Brust gepresst. Auf meine Bitte hin zeigte sie ihn mir. Öffnete alle Taschen und Schnallen, fuhr mit den Händen tief hinein, so als wolle sie unterirdische Gänge erforschen. Ihre Brille aber, Geldbeutel und Schlüssel lagen neben ihr auf dem Boden. Als ich fragte, ob sie den Rucksack nicht benutzen wolle, schüttelte sie den Kopf.

Die ganze Sache, die sich später hochschaukeln würde, begann damit, dass Fine und Johann plötzlich weg waren. Und die Langhaarige streng zu Ariane blickte. Die flüsterte: „Einen Augenblick kann ich sie doch alleinlassen." Wenig später sind die beiden dann losgelaufen, um Fine und Johann zu suchen. Und dabei muss es zu dieser Auseinandersetzung gekommen sein, so dass Ariane am nächsten Tag alles hinschmiss. Obwohl letzten Endes gar nichts passiert war. Fine und Johann am Steg gesessen hatten, Hand in Hand.

So zumindest hat Ariane es mir erzählt. Als wir uns zum letzten Mal am See trafen. Sie wollte, dass ich ein Foto von ihr mache. In ihrem Kleid, die Sonnenbrille ins kurze hellblonde Haar geschoben. Sie fühle sich nicht hübsch, sagte sie, so ungeschminkt, das Haar luftgetrocknet. Aber sie wolle trotzdem ein Foto. Zum Abschied umarmten wir uns. Telefonnummern haben wir nicht ausgetauscht, und ich spürte noch im selben Moment, als Ariane ging, dass das ein Fehler war. Dass irgendetwas falsch gelaufen war. Und aus einem plötzlichen Impuls heraus, den ich weder erklären noch aufhalten konnte, sprang ich ins Wasser. Tauchte und stellte mir vor, ich hätte Tauchmaske, Schnorchel und Flossen. Eine Druckluftflasche. Stellte mir vor, ich wäre komplett ausgerüstet, um zu tauchen bis auf den Grund des Sees. Und wirklich, schon bald konnte ich die ersten Dinge erkennen. Schlingpflanzen und Fischschwärme, die an mir vorbeischossen, als seien sie auf der Flucht.

TREIBGUT

Es ist heiß in diesem Sonner, dreißig Grad, die Hitze flirrt über dem Asphalt und die Rasenfläche im Hof ist trocken und gelb. Lena kommt jeden Tag. Sie klingelt am frühen Abend, zieht ihre Schuhe im Gang aus, läuft barfuß auf Dielenböden. Sie bringt Einkäufe mit, Obst und Gemüse vom Markt, manchmal Fleisch oder frischen Fisch. Wir kochen gemeinsam, essen auf dem Balkon und wenn das Kind schläft, reden wir. Manchmal erzählt Lena von ihren Klienten. Von verworrenen Lebensläufen, für die sie nach einer Lösung sucht wie nach Teilen in einem Puzzle. Geschichten, denen ich lausche, während ich die Wand im Haus gegenüber anstarre, den kahlen Hinterhof, in dem immer Wäsche hängt, gespannt zwischen Vorder- und Hinterhaus.

Eines Abends hören wir Musik. Technomusik, laut und vermischt mit Stimmen, die zu uns nach oben dringen wie durch einen Schacht. „Da wird eine Party gefeiert." Lena nimmt meine Hände. „Sollen wir runtergehen?" Ich zögere. Im Erdgeschoss wohnt eine Frau, sie ist vielleicht dreißig Jahre alt, mit blondem Haar und grünen Augen. Ich habe sie ein paarmal im Flur getroffen, wir haben etwas von „Mal einen Kaffee zusammen trinken" gesprochen, und dabei ist es geblieben. Ich sage: „O.k, können wir machen", und sehe, dass mein Kind im Türrahmen steht, barfuß, im Nachthemd, überhaupt nicht verschlafen.

Im Treppenhaus ist die Musik noch lauter, das Deckenlicht ist kaputt, und wir müssen vorsichtig gehen auf den ausgetretenen Stufen. Als wir klingeln, öffnet die Frau. „Kommt rein." Sie schiebt uns in die Küche, so als seien wir eingeladen, Gäste auf ihrem Fest. Ich hole Wein, stoße mit Lena an, während sich das Kind an den Tisch setzt und malt. Die Frau steht am Fenster und raucht, ihr Körper ist schlank, sehr weiblich, das Kleid enganliegend wie eine zweite Haut.

Lena will tanzen. Im Wohnzimmer, wo eine Couch steht, zwei Sessel, zur Seite geschoben, Bücherregale, in der Mitte ein asiatischer Teppich. In einer Ecke sitzt der DJ, ein junger Mann mit Baumwollmütze. Er sieht aus wie ein Student, einer von denen, die man über das Studentenwerk buchen kann, und ich überlege, wie die Annonce wohl geheißen haben könnte. „Suche DJ für Party, Bezahlung nach Vereinbarung", und dann das Datum, die Adresse, eine Telefonnummer. Lena tanzt leicht, auf Füßen, die den Boden kaum zu berühren scheinen, während ich mich neben ihr schwerfällig und ungelenk fühle.

Als ich Durst bekomme, gehe ich zurück in die Küche. Dort steht mein Kind bei der Frau und zeigt ihr sein Bild. Zwei Strichmännchen, einander an den Händen haltend, das Haar mit gelbem Wachsmalstift betont. „Das ist meine Mama, und das bin ich. Meine Mama hatte lange Haare, blond, so wie du, nur länger." „Oh", sagt die Frau, „das ist sehr lang." Mir schwindelt. Ich lehne mich zurück, spüre das milchige Glas der Küchentür, denke an Sonja, an das, was war.

Sonja und ich am See. Sonja, die mir sofort gefiel, noch in dem Augenblick, als mein Freund Philipp sie mir vorstellte. Sonja mit dieser Neugier im Blick und Augen grün wie Schilf. Wir redeten eine Weile, und als Philipp gehen musste, schwammen wir raus, vorbei am Steg, an dem die Menschen Handtuch an Handtuch lagen, vorbei an der Schwimminsel, die Jugendliche in Beschlag genommen hatten, bis hin zum anderen Ufer. Die Sonne war inzwischen untergegangen, und vom See her wehte ein kühler Wind. Frierend setzten wir uns auf einen Stein, und ich legte den Arm um Sonjas Schultern. Uralt das Theaterstück, das zur Aufführung drängte.

Ich gehe noch einmal ins Wohnzimmer, mit der Couch darin, den Bücherregalen, dem asiatischen Teppich. Wo die Sessel zur Seite geschoben sind und der DJ Musik macht. Techno. Wo Lena tanzt und mir die Handbewegungen vormacht, die Arme wedelnd vor der Brust kreuzt: „Rasenmäher", mit den Händen hoch in die Luft greift: „Sternengucker". Und ich alles nachmache, ich alles mitmache, auch wenn da noch immer Sonja ist, die sich in mein Bewusstsein schiebt wie ein flackernder Schatten.

Gedanken an unsere erste gemeinsame Zeit. Als wir uns in einem stillgelegten Vergnügungspark verabredeten und aufs Riesenrad kletterten, die Welt unter uns ganz klein, zu vernachlässigen und völlig unwichtig.

Oder uns in einem alten Hallenbad trafen, wo wir am Rand des maroden Beckens saßen und Rotwein tranken. Ich mochte Sonja sehr. Ihren Körper, den Geruch ihrer Haut, der Haare. Sie nahm irgendein Shampoo mit grünen Äpfeln darauf, ich habe es in der Dusche gesehen, eine schlanke, hohe Flasche mit hellgrünem Inhalt. Und vielleicht wollte ich deshalb nicht wahrhaben, wie sich die Dinge allmählich veränderten. Sonja oft müde war, auf dem Sofa lag, schlecht gelaunt, unansprechbar. Wie sich ihr Gespür für besondere Orte, ihre Art, das Leben zu feiern, verlor. Ich dachte zuerst, es liege an den kürzeren Tagen, den Blättern, die sich in den Ritzen und Ecken der Stadt verkrochen. Dachte, die plötzliche Kälte sei schuld daran. Bis Sonja eines Abends nicht aufmachte, ich gegen die Tür schlug, „Sonja, was ist los?" brüllte. Ich in die Kneipe um die Ecke ging, ein Bier trank, zurückkehrte, wieder gegen die Tür schlug, mich schließlich auf die Treppe setzte. Wartete. Bis Sonja endlich aufmachte. Bockig wie ein Kind, in Jogginghose, ungeduscht.

Ich habe lange gebraucht. Lena hat das ausgehalten. Bis heute, zu diesem Abend, dieser Nacht, wo ich mit ihr am Fenster stehe. Die Luft ein fließender Strom, der Worte mit sich bringt wie ein Fluss das Treibgut. Worte, die erzählen von dem, was war. Den quälenden Wochen, in denen wir diskutierten und stritten. Der Zeit, in der ich heimlich auf Kinderflohmärkte ging, Strampelanzüge, Lätzchen und Bodys kaufte und die Freude darüber Sonja verheimlichte. Und wie Sonja nach der Geburt das Kind kaum beachtete, es nach dem Stillen sofort ablegte und sich das alles hochschaukelte, bis ich sie eines nachmittags im Bad auf den Fliesen fand, das Kind schreiend in seiner Wiege.

Es ist sieben Uhr am Morgen. Unten auf der Straße herrscht Berufsverkehr, Autos, die sich stauen wie eine dicke, zähfließende Ameisenstraße. In der Wohnung Stille. Trotz der Leute, die immer noch da sind, obwohl die Party eigentlich zu Ende ist. Die müde in den Ecken hängen, die Schuhe und Jacken suchen, deren Gesichter jetzt fahl und müde aussehen. Ich stehe auf und suche mein Kind, finde es im Schlafzimmer auf dem Bett, zusammengerollt wie ein Embryo, ein Knäul aus Kopf und Gliedmaßen, daneben die Frau, Arme und Beine weit von sich gestreckt.

SOMMERENDE

Sie kam im Sommer. Nie früher, nie später, immer in jenen letzten schönen Tagen. Wenn die Hitze über den Dächern der Stadt brütete, die Luft über Mittag still zu stehen schien, und alle abends runter zum Fluss pilgerten, dann stand Anna vor der Tür. Mit ihrem Flohmarktkoffer in der Hand, blass und schmal nach der Reise. Sie kündigte ihr Kommen selten an. Nur manchmal schrieb sie Postkarten, kurze Mitteilungen im Telegrammstil: „Komme am Montag", oder: „Komme morgen mit dem Mittagszug." Immer kam sie alleine. Auch dieses Mal.

Wir nahmen uns in den Arm, sie wirkte zerbrechlicher als im letzten Jahr, noch zarter, ihr Gesicht war angespannt. Ich fragte Anna, ob sie sich ausruhen möchte. Nein, sie sei nicht müde, wolle nur einen Kaffee trinken, eine Zigarette rauchen, dann werde alles in Ordnung sein.

Seit Anna vor zehn Monaten ausgezogen war, lebte ich allein. Ihr altes Zimmer ließ ich unmöbliert, nur ein vergrößertes Schwarz-Weiß-Foto hing an der Wand, auf dem es regnete, auf dem ein Mann einen Regenschirm schützend über einen Kontrabass hielt. Ich verstand nicht, warum Anna das Foto nicht mitgenommen hatte. „Es gehört hierher", mehr hatte sie nicht dazu gesagt. Sonntags ging ich manchmal in ihrem Zimmer umher oder schaute aus dem Fenster in den Garten. Ich versuchte mich zu erinnern, etwas von dem zurückzuholen, was war. Aber es funktionierte nicht. Es funktionierte nur, wenn sie da war.

Anna trank ihren Kaffee schwarz und in hastigen Schlucken, rauchte eine Zigarette, während ich sie anschaute, abwartend, fast schon froh. Endlich, das ersehnte: „Auf, komm, los." Wir liefen durch die Straßen, vorbei an Häusern im Gründerzeitstil, mit kleinen Balkonen und engen Hinterhöfen, ein altes Stadtviertel, gewachsen, vielleicht war es das, was uns anzog. Anna fragte nach Leuten, mit denen wir früher Kontakt hatten, wollte wissen, ob sie noch dort wohnten. Manchmal schüttelte ich den Kopf, erinnerte mich an Abschiedsfeiern inmitten von Umzugskisten, Dosenbier und mitgebrachten Salaten. Manchmal zuckte ich mit den Schultern, ich hatte keine Ahnung, wer noch hier wohnte, wusste nicht, ob es Johanna, Michael und Götz waren oder doch ganz andere. Gemeinsam gingen wir die Klingelschilder durch, freuten uns, wenn wir eines fanden, das nicht überklebt war. Wir läuteten, manchmal hatten wir Glück und saßen in den Küchen früherer Freunde.

Ich hatte erwartet, dass Anna das mögen würde. Doch sie wehrte ab, schon am zweiten Tag. Sie wolle lieber mit mir zusammensein, ihre Zeit nicht mit Leuten verbringen, zu denen sie eigentlich keinen Bezug mehr habe. So liefen wir durch die Straßen und ignorierten die Klingelschilder, kamen uns dann doch verloren vor. Als es zu regnen begann, gingen wir in eine Kneipe, tranken erst Kaffee, später Wein und redeten. Ich erzählte von meiner Arbeit, neuen Projekten, Büchern, von Filmen oder Theaterstücken, die ich gesehen hatte. Manchmal auch von Freunden, von alten, die geblieben waren oder neuen, die Anna nicht kannte.

Und Anna saß da, den Kopf auf beide Ellenbogen gestützt und den Blick auf einen Gegenstand fixiert, die Kaffeetasse, die Flasche Wein, die Kerze auf dem Tisch, und hörte zu. Früher hatten wir in solchen Momenten etwas Verrücktes gemacht. Waren nachts die Treppen zum Schloss hinaufgestiegen, hatten unter freiem Himmel geschlafen, frierend in unseren dünnen Sommerkleidern. Oder wir liefen runter zum Fluss, saßen schweigend am Ufer, bliesen den Rauch unserer Zigaretten in die laue Abendluft.

Ich sehnte mich nach einem dieser Nächte, doch dieses Mal schlug Anna nichts vor. Sie, die sonst kaum etwas erzählte, begann plötzlich zu reden. Von Bewerbungen, die sie schrieb, im Idealfall jeden Tag eine, aber mindestens drei in der Woche. Ich erinnerte mich, hatte es die ganze Zeit wohl verdrängt, seit zwei Jahren, seit dem Mal, als sie geweint hatte, ich sie zum ersten Mal hatte weinen sehen. Sie sagte, sie würde mittlerweile jedes kleine Provinztheater anschreiben. Und sie begann die einzelnen Institutionen aufzuzählen, als habe sie sie auswendig gelernt. Ich dachte: „Das ist doch verrückt, das bringt doch nichts." Ich sagte: „Anna, hör auf, lass uns miteinander reden, richtig reden." Doch sie machte weiter, mit monotoner Stimme und starr nach vorne gerichtetem Blick.

Am nächsten Morgen stand Anna früh auf. Sie ging im Zimmer umher, sie faltete Kleidungsstücke und verstaute sie in ihrem Koffer. Ich blieb im Bett liegen. Anna duschte, Anna machte Kaffee, ich hörte sie in der Küche mit der Zeitung rascheln. Erst als ich Angst hatte, sie könnte ohne ein weiteres Wort gehen, stand ich auf. Sie hatte schon den Mantel an, der Koffer stand neben ihr. Wir umarmten uns, nicht fester, nicht irgendwie anders als sonst. Und doch war mir kalt, spürte ich ein leichtes Frösteln, sobald ich ihr nachschaute, winkte, auch sie sich noch einmal umdrehte.

TROMMELN

MIT LEEREN HÄNDEN

SPRINGEN

BLOCKHAUS

XYLOPHON SPIELEN

TROMMELN

Es war an einem hellen Februartag. Zu warm, zu sonnig für diese Jahreszeit. Unnatürlich, fast surreal, kahle Bäume im Licht und Beete, wie abrasiert. Ich fuhr mit dem Fahrrad durch die Schrebergartensiedlung, vorbei an Gärten, wo ich im Herbst Obst, Kartoffeln und Gemüse gekauft hatte, als mir etwas auffiel. Ein Stück Holz, das vor einem Gartentor lag. Vielleicht einen halben Meter lang, innen hohl und oben mit zwei eingravierten Schlitzen. Ich hielt an, und während ich so dastand, kam durch den Garten eine Frau auf mich zu. Sie trug einen grauen, knöchellangen Wollrock, einen dicken Pullover und Schnürstiefel. Das lange Haar war in der Mitte gescheitelt, und ihre hellgrauen Augen standen im Kontrast zu ihrer gebräunten Haut. „Das ist eine Trommel. Eine Schlitztrommel aus Kamerun." Ich wusste nicht, was ich antworten sollte. Die Frau sah nicht mehr jung aus, aber auch nicht alt, und komischerweise war das erste, was mir in den Sinn kam: „Zeitlos." Irgendwie hatte sie etwas Zeitloses. Eine Frau, die fünfunddreißig sein könnte, vierzig oder fünfzig.

Die Frau nahm die Trommel und machte eine einladende Geste. Ich folgte ihr, vorbei an Apfel- und Birnbäumen bis zu einem Haus. Es hatte eine schmale Vorderseite, kaum breiter als die Eingangstür, und lange Seiten. Kein Gartenhaus im eigentlichen Sinn, denn es war gemauert und das Dach mit Ziegeln gedeckt. Ein wenig erinnerte es mich an eines dieser Siedlungshäuser, in dem ich meine Kindheit und Jugend verbracht hatte. Das zu einem ganzen Viertel gehört hatte. Straßen und Häuser, auf dem Reißbrett gezeichnet, und gebaut in den Fünfzigerjahren, für die Arbeiter der großen Fabrik, wo auch mein Vater beschäftigt gewesen war.

Das Haus bestand aus einem Raum. Es gab ein Bett auf Holzpaletten, einen Tisch, Stühle und ein Regal mit afrikanischer Kunst. Masken, Skulpturen und verschiedene Trommeln. „Ich arbeite in der Entwicklungshilfe", sagte die Frau und legte die Schlitztrommel auf den Tisch. „Bisher kam ich regelmäßig nach Deutschland. Zu meiner Mutter hier in den Garten, doch jetzt ist sie gestorben." „Das tut mir leid." Es entstand eine Pause. Dann bot mir die Frau Tee an. Tulsi. Heiliger Basilikum. Nicht aus Indien, sondern vermutlich aus dem Bioladen in der Stadt. Er stamme von ihrer Mutter, die einmal in Indien gewesen sei und sich angewöhnt habe, ihn zu trinken. Die Inder bauten ihn alle an, in einer Mulde vor dem Haus. Er schütze gegen Schlaganfall, Asthma und hohe Cholesterinwerte. Der Tee war kräftig, schmeckte aber gut.

Die Frau zeigte mir, was sie aus Afrika mitgebracht hatte. Aus Nigeria, Äthiopien, Kamerun. Manches fand ich schön, anderes obszön, vor allem die großen Penisse und hängenden Brüste vieler Skulpturen stießen mich ab. „Und was machst du mit den Sachen?", fragte ich.

„Ich verschenke sie." Ich trank einen Schluck Tee. „Du verschenkst sie?" „Ja, warum nicht." Und dann begann sie von ihrer Arbeit zu erzählen. Ihrer letzten Mission in Äthiopien. Wo ihre Organisation einen Brunnen gebohrt habe und sie die Menschen im Dorf geschult, ihnen Hygienestandards nahegebracht, die Brunnenerhaltung gelehrt und den bestmöglichen Wassergebrauch. Vieles sei schwer zu vermitteln gewesen. Aber schwer, in irgendeiner Weise schwer sei es fast immer. Sie lächelte und fragte nach meinem Beruf. Ich sei Grundschullehrer, erwiderte ich, und dass auch das nicht immer leicht sei. „Na, siehst du." Jetzt musste auch ich lächeln. Ich fühlte mich wohl mit dieser Frau, fast so, als würde ich sie von irgendwoher kennen, lange schon, und als hätten wir uns nur aus den Augen verloren und jetzt wiedergefunden.

Ich blieb den ganzen Nachmittag, und als ich aufbrach, schenkte mir die Frau diese Schlitztrommel. Mir, die ich über den Blockflötenunterricht in der Schule nicht hinausgekommen war und die Musik, vor allem selbst Musik machen, nie sonderlich interessiert hatte. „Es gibt diese Schlitztrommeln in allen Größen", sagte sie. „Von langen Baumstämmen, die am Boden liegen bis hin zu Klanghölzern, die man an einer Schnur um den Hals tragen kann. Sie werden vielfach als Nachrichtentrommel verwendet." Sie nahm zwei Stöcke und schlug auf das Holz. Der Ton war tief, und er erschreckte und faszinierte mich zugleich. Einmal, sagte die Frau, habe sie in einem afrikanischen

Dorf eine solche Trommel miterlebt. Als einer der Stammesältesten gestorben sei und man auf diese Weise Freunde und Verwandte informiert habe. Erwachsene, Kinder aus dem ganzen Umkreis, sogar Tiere seien gekommen. Die Zeremonie habe sich über ein ganzes Wochenende hingezogen. Wobei Trauer und Freude, Klagen und Tanz untrennbar ineinander übergegangen seien. Sie legte die Stöcke beiseite. „Du willst die Trommel also haben?" Ich nickte stumm, und die Frau wickelte sie in Zeitungspapier. Ich bedankte mich, und als wir vor der Tür standen, zeigte sie auf eine runde Mulde, die mit einigen Dachziegeln abgetrennt war. Man sah, dass die Erde frisch gehackt war. Hier werde sie versuchen, selbst Tulsi zu ziehen. Vielleicht, und sie schaute dabei in den viel zu blauen Himmel, würde der Sommer heiß werden, und es würde gelingen. Ich sagte: „Ja, vielleicht hast du Glück." Und dann verabschiedeten wir uns. In meiner Wohnung legte ich die Trommel auf den Tisch, auf das Sofa, ich stellte sie auf das Bücherregal, den Küchenschrank. Aber jedes Mal war irgendetwas falsch, passte etwas nicht. Und wenn ich auf ihr trommelte, begann die Angst in mir zu kreisen.

Eines Tages fuhr ich wieder in die Schrebergarten-siedlung. Mittlerweile war es Herbst geworden, und vor den Gärten standen Kisten mit Obst und Gemüse, mit einer Schale davor und der Angabe eines lächerlich geringen Betrags. Vor dem Garten der Frau stand nichts, und die Bäume hingen voller Äpfel und Birnen.

Da wusste ich, dass sie fort war. Und vielleicht holte ich deshalb die Trommel noch einmal hervor, berührte das Holz mit den Fingerkuppen, trommelte erst leise und dann lauter. Erschrecken und Faszination zugleich. Wie ein inneres Atmen. Ein und Aus. Untrennbar miteinander verbunden. Und ich erinnerte mich an die letzten Wochen. An Begebenheiten aus meinem Alltag. Als das Mädchen mit den Korkenzieherlocken aus der zweiten Klasse vor mir gestanden hatte und auf meine Bitte, ihr Deutschheft aus dem Ranzen zu holen, eine Landschaft aus Schleichtieren auf ihrem Pult aufbaute. Und der ich zwar eine Nachricht an ihre Eltern mitgab, aber nicht böse sein konnte. Alles andere, nur nicht böse. Und ich dachte an meine Mutter, die das erste Mal seit Wochen gelacht hatte. Gestern, als ich sie besuchte und ihr erzählte, dass ich eine Trommel zu Hause hätte und nicht klarkäme mit ihr. Die sich schüttelte vor Lachen und fragte: „Wie kann man denn mit einer Trommel nicht klarkommen?"

Und plötzlich war es wieder da. Ein und Aus. Untrennbar miteinander verbunden. Ich ging hinter das Haus, suchte mir Eimer und Leiter und erntete bis tief in die Nacht. Dann legte ich mich in Kleidern aufs Bett und schlief, bis die Sonne am Morgen ins Fenster schien. Ich brauchte einige Minuten, bis ich wusste, wo ich mich befand. Mein Rücken schmerzte, denn ich hatte nur auf Sackleinen geschlafen, das locker über die Holzpaletten gelegt war. Ich stand auf und suchte nach Lebensmitteln, fand aber keine, nur Tulsi in der

Mulde vorm Haus. Der gelungen war, weil der Sommer heiß gewesen war, viel zu heiß. Ich kochte Tee, setzte mich vors Haus und dachte an die Schule. Daran, dass ich am Tag zuvor nicht zum Unterricht erschienen war. Und an das Mädchen mit den Schleichtieren und die anderen Kinder. Denen ich Lesen und Schreiben beibringen wollte. Ich stellte Obst vor das Gartentor. Schrieb ein Schild: „Zu verschenken." Dann stopfte ich mir die Manteltaschen voller Äpfel und Birnen und fuhr los. Wenn ich mich beeilte, würde ich es bis zur großen Pause schaffen.

MIT LEEREN HÄNDEN

Jana steuerte auf eine der verlassenen Bänke zu, wischte mit dem Ärmel ihres Anoraks Sand weg und setzte sich. Es war kalt, Novemberkälte, der Wind brachte Regen mit sich, kleine spitze Nadeln, die auf der Haut prickelten. Jana rieb sich die Hände, die rot waren, nass, vom Wasser ein wenig aufgequollen. Den Mann sah sie nicht kommen, plötzlich stand er vor ihr, ungefähr in ihrem Alter, groß, schlank, mit Hornbrille und Strickmütze. „Darf ich mich setzen?" Jana nickte. „Ich heiße Ralf. Und du?" „Jana." Eine Weile saßen sie schweigend nebeneinander und blickten aufs Meer, seine aufgewühlte Oberfläche, die tanzenden Wellen. Dann deutete Ralf auf Janas Rucksack. „Was ist da drin?" „Muscheln, ich war Muscheln sammeln." Jana öffnete den Rucksack, der sandig war, eine Schnalle abgerissen, und zeigte, was sie gefunden hatte. Miesmuscheln, Herzmuscheln, Austern. Sogar eine lange Sandklaffmuschel war dabei.

Jana und Ralf gingen die Strandpromenade entlang, vorbei an den Kneipen und Restaurants, dem „Piratennest", der „Schiffskajüte", dem „Goldenen Anker". „Betriebsferien bis Weihnachten", „Geschlossen bis März", stand an den Türen, manchmal auch gar nichts. „Ich weiß eine Kneipe, dort gibt es Spaghetti für drei Euro. Sollen wir da hingehen?", fragte Ralf. Jana überlegte einen Moment, dann nickte sie. Die

Muscheln würde sie auch später noch waschen und auf die Heizung legen können. Und vielleicht wäre es sogar gut, den Abend nicht in ihrem Zimmer zu verbringen. Nicht den schweren Möbeln ausgeliefert zu sein, den blickdichten Gardinen, der Fensterbank voller Topfblumen und Nippes.

Die „Meerjungfrau" befand sich unweit der Strandpromenade und wirkte heruntergekommen. Es gab einige wenige Holztische mit Stühlen und eine Bar, an der drei Männer saßen und Flaschenbier tranken. Der Wirt hieß Theo und war vielleicht vierzig oder fünfundvierzig Jahre alt, trug ein verwaschenes Sweat-Shirt und eine gelbe Plastikschürze, die über seinem Bauch spannte. Jana und Ralf bestellten. Als das Essen kam, hatte Jana keinen Hunger mehr. Ralf hingegen aß hastig und erzählte. Von Irina, der Frau, die er in einem Café auf dem Festland kennengelernt hatte. Die er zunächst nur von hinten gesehen hatte: rotes Haar, Locken, die ihr bis über die Schultern reichten. Und die Kunst studierte und malte, Meerbilder, große Formate, weite Strände, Dünen, am Horizont Menschen so klein wie Stecknadelköpfe. Die aber noch nie am Meer gewesen war, das Meer nur vom Museum kannte. „Das musst du dir mal vorstellen. Noch nie am Meer." Ralf schrie es fast. Er habe sie dann überredet, ihr immer wieder von der Insel erzählt, den Dünen, dem Wasser, dem Strand, bis er dachte, sie sei so weit. Aber dann habe sie ihn versetzt, am Tag der Abfahrt, am Bahnhof vor dem großen Zeitungsstand.

Ralf hob die Hand. „Noch zwei Kaffee." Der Mann neben Jana kicherte. Jana reagierte nicht, obwohl sie am liebsten gesagt hätte: „Halt's Maul, verdammt noch mal." Sie am liebsten grob, unfreundlich gewesen wäre. Und dabei dachte sie an Philipp. An seine Anrufe, die vielen Worte. Und daran, wie sich all das auflöste. Wenn sie draußen in der Natur war, sie sich klein fühlte, unbedeutend und doch mit allem verbunden. Der Kaffee war lauwarm und bitter, und Jana hätte am liebsten auch ihn stehengelassen. Der Mann neben ihr hatte aufgehört zu kichern. Wahrscheinlich saß er jeden Abend hier, und Jana beneidete ihn um die Regelmäßigkeit seiner Tage, die Vorhersehbarkeit, mit der sich die Dinge zu ereignen schienen. Jana fuhr sich mit der Hand durchs Haar und hörte Theo und den Männern zu, die begonnen hatten, Inselneuigkeiten auszutauschen. Sie redeten über eine Pfarrstelle, auf die sich niemand bewerben wollte. „Eigentlich kein Wunder", sagte Theo und schob drei Bier über den Tresen. „Die Gemeinde verteilt auf die Dörfer, kaum jemand im Gottesdienst, das Pfarrhaus alleinstehend, wer will da schon hin?" Die Männer schwiegen, sie hatten nichts, zu all dem nichts hinzuzufügen.

Als es Morgen wurde, brachen Jana und Ralf auf. Draußen blendete das erste Licht, unbarmherzig, hell, und sie kniffen die Augen zusammen. In der „Meerjungfrau" war es bis auf die blaue Neonröhre an der Bar dunkel gewesen. Vielleicht war ihnen deshalb das Gefühl für Zeit verlorengegangen. „Und was machen wir jetzt?" Ralf schaute Jana von der Seite an. „Wir gehen Muscheln sammeln." Der Wind wirbelte Sand auf und fegte ihn über die Strandpromenade. Jana schmeckte ihn auf der Zunge, er war auf ihrer Haut, er war überall. Die Flut war über Nacht gekommen, es war windig, und die Wellen überschlugen sich am Strand wie tobende Kinder. Jana krempelte ihre Anorakärmel hoch, krümmte ihre Hände zu Schaufelbaggern und fuhr unter Wasser. In rascher Bewegung holte sie Muscheln und Sand empor und warf sie in ihren Rucksack. Die Muscheln waren nass, sandig und voller Seetang. Manche waren zu, andere offen oder zerbrochen. Jana war das egal. „Warum nimmst du nicht nur die schönen?", fragte Ralf nach einer Weile gereizt. Jana hielt in ihrer Bewegung inne und wischte sich mit der Hand winzige Schweißperlen von der Stirn. „Ich möchte nicht mit leeren Händen dastehen, verstehst du?" Und einen Moment lang war sie versucht, Ralf von der Nacht im Krankenhaus zu erzählen. Von dem toten Kind, und dass Philipp und sie es nicht hatten wahrhaben wollen, ungläubig gewesen waren, fassungslos. Aber sie schwieg, beobachtete stattdessen einige Möwen, die sich kreischend erhoben und in den Wind legten, als wollten sie segeln. Ralf hingegen erzählte, dass er Irina noch immer anrufe. Er wisse, dass sie zu Hause sei, auch wenn nur der Anrufbeantworter rangehe. Ihr Telefon befinde sich im Atelier, unweit der Staffelei und dem großen Fenster. Das Atelier: der hellste Ort in der Wohnung. Nach Osten hin ausgerichtet. Morgensonne. Nur deshalb habe Irina die Wohnung doch genommen. Allein wegen dieses Zimmers. Jana hörte Ralf nur mit halbem Ohr zu, und als ihr Rucksack voll war, verabschiedete sie sich.

Ralf wartete auf Jana vor der "Meerjungfrau". Jeden Abend mit hochgeschlagenem Mantelkragen und Wollmütze, verfroren und entschlossen, bis der Wirt kam, „Vergiss die Frau" sagte, und ihn mit sich zog. Am Anfang wollte Ralf nicht, setzte sich nur widerwillig an die Bar. Mit der Zeit aber begann er zu trinken, mit dem Wirt und den Männern. Manchmal kam er ins Erzählen, immer zum Schluss, kurz bevor er ging. Er erzählte von Irina, der Frau, auf die er gewartet hatte. Aber auch von Jana. Von ihr weniger, er hätte nicht sagen können, was.

SPRINGEN

Ich glaube, Hanna hat mich neugierig gemacht. Nicht, dass sie mich überredet oder zu irgendetwas gedrängt hätte. Sie sagte: „Ich gehe abends ins alte Hallenbad", sie sagte das mit ernster und geheimnisvoller Mine und fuhr sich mit der Hand durch ihr wildlockiges Haar. Ich kenne das alte Hallenbad nur im stillgelegten Zustand. Einmal sah ich dort eine Theateraufführung. Camus' „Caligula". Die Zuschauer saßen im Schwimmbecken, die Schauspieler agierten am Rand. Caligula, der Despot, stand auf dem Sprungturm. Ich kann mich an sein Gesicht erinnern, wütend, verzerrt. Ich habe die Aufführung nicht mit Hanna gesehen. Hanna war da schon weg, auf großer Reise, auf Trampertour, wie auch immer man das bezeichnen wollte, was sie nach dem Abitur machte.

Das alte Hallenbad steht kurz vor der Sanierung. Das Gelände ist von einem Bauzaun umgeben, überall hängen Schilder mit „Betreten des Grundstücks verboten". Es ist früher Abend, Menschen gehen spazieren, im weichen Licht der Straßenlaternen, besuchen Bars und Restaurants, stehen Schlange vor einem Programmkino. Ich sehe mich um, verstohlen wie ein Dieb, untersuche den Zaun, der verrostet ist und löchrig. An einer Stelle kann ich hindurchschlüpfen. Ich folge dem niedergedrückten Gras bis zum Eingang, drücke die Tür auf und betrete eine dämmrige Halle, wo es keine

Fenster mehr gibt, sondern nur dunkle Öffnungen, mit Bäumen davor, die im Wind zittern wie alte Männer. Ich lausche, höre Stimmen, ein Flüstern in der Ferne. Und während ich überlege, was zu tun ist, kommt mir ein Mann mit rotem, halblangem Haar entgegen. „Ich suche Hanna", sage ich und versuche, meine Stimme zu kontrollieren. „Hanna?", wiederholt der Mann in gedämpftem Tonfall und zieht die Augenbrauen hoch. „Ich heiße Mike."

Hanna reiste durch Indien, drei Monate lang, und als sie zurückkam, an einem zu kühlen Abend Ende September, müde und zerknittert nach den vielen Flugstunden, klingelte sie an meiner Tür. Sie zeigte auf das Sofa im Flur. „Kann ich bei dir wohnen?" Ich antwortete: „Natürlich", und Hanna zog ein. Noch in der gleichen Woche fing sie an, in der Imbissbude um die Ecke zu arbeiten. Als Vater anrief und davon erfuhr, tobte er. Dass Hanna nicht genügend Biss habe, sich endlich entscheiden solle und ich schon fertig sein könne mit dem Studium. Ich hielt das Telefon auf Abstand, konnte mich trotzdem nicht entziehen, konnte das nie, schon damals nicht, als Hanna und ich noch Kinder waren. Als er uns anschrie. Und Hanna einfach im Kinderzimmer verschwand und mit ihren Puppen spielte, während ich stundenlang vor mich hinstarrte, unfähig, etwas zu tun.

Ich folge Mike in die Schwimmhalle. Überall liegen zerbrochene Kacheln, die Treppe zur Empore mit den Umkleidekabinen ist eingestürzt, nur das Schwimmbecken und der Sprungturm scheinen unversehrt. Am Rand sitzt eine Gruppe von jungen Leuten. Sie scheinen sich gut zu kennen. Man sieht es an der Art, wie ihre Körper einander zugewandt sind. Mike macht ihnen ein Zeichen, so als wolle er sagen: „Alles in Ordnung mit ihr", und ich flüstere: „Wo ist Hanna?" Mike deutet in Richtung Sprungturm, wo Hanna gerade die Leiter hochklettert. Oben angekommen, läuft sie nach vorne und bleibt stehen, es sieht aus, als würde sie etwas fixieren, einen Punkt irgendwo am Horizont. So steht sie vielleicht drei oder vier Minuten, während in meinem Kopf die Bilder explodieren. Hanna, die springt, die regungslos am Boden liegt, mit seltsam verrenkten Gliedmaßen. Hanna, die mit Blaulicht ins Krankenhaus gebracht wird. Oder: Hanna, die einfach stehenbleibt.

Später, als wir alle im Kreis sitzen, Wein trinken und Bier, erklärt mir Hanna, dass es sich um eine Art mentale Übung handele. „Willst du es nicht auch einmal probieren?" Ich denke an früher, an meine Schwimmbaderfahrungen und dass Mutproben zum Standard gehörten. Ein-Meter-Brett, Drei-Meter-Brett, und dann immer weiter. Ich sage: „Vielleicht", und sehe das alte Hallenbad vor mir. Wie es einmal war, unversehrt, ohne Caligula auf dem Sprungbrett. Das Becken mit Wasser gefüllt, blau-weiß gemusterte Kacheln an den Wänden und Umkleidekabinen aus weißem Holz. Ich sehe die Badenden, in ihren hochgeschlossenen Anzügen, sehe sie springen und schwimmen, umherlaufen, die Haare verborgen unter Plastikhauben.

Auf dem Heimweg schwindelt mir, ich versuche mich zu konzentrieren, auf meine Füße, auf den Weg, während in meinem Kopf unaufhörlich dieser Satz kreist. „Ich gehe ins alte Hallenbad." Viel mehr hat Hanna ja nicht erzählt. Auch nicht von ihrer Indienreise. Nur in den seltenen Augenblicken, in denen sich unsere Tagesabläufe überschnitten, da sagte sie: „Du kannst dir nicht vorstellen, wie es war. Am Anfang. In diesem billigen Hotelzimmer. Als ich den Vorhang zur Seite zog und vor der kahlen Wand saß, in diesem stickigen, heißen Raum." Und welch Glück es gewesen sei, dass sie Mike getroffen habe. Mike, der Indien kenne. Der ihr vieles erklärt habe in der Zeit, in der sie zusammen herumgereist seien.

In den folgenden Wochen bin ich wachsam. Als Hanna eines Nachts nach Hause kommt und über eine Reihe von leeren Flaschen stolpert, erzählt sie mir, dass sie es eines Abends gewusst habe. Als sie oben auf dem Sprungturm gestanden sei. Ich schaue Hanna an. „Du glaubst mir nicht?" „Doch", antworte ich, während ich in die Küche gehe, eine Stofftasche hole und die Flaschen darin verstaue. Von nun an ist Hanna sehr beschäftigt, sitzt in ihrem Zimmer und schreibt Bewerbungen. Dabei macht sie auf mich einen ruhigen und erwachsenen Eindruck, und es gibt Momente, da denke ich: „Eigentlich ist sie die Ältere." Ins alte Hallenbad geht Hanna nur noch selten. Nur um die Leute zu sehen, sagt sie. Weil ihr die Leute sonst fehlen würden.

Eines Morgens liegt ein Zettel auf dem Küchentisch. „Bin weg, danke für alles, Hanna." Ich kann nicht gut damit umgehen, laufe ziellos durch die Stadt, schwänze die Uni, verbringe die Abende in Kneipen. Und eines Tages komme ich am alten Hallenbad vorbei. Die Erde ist aufgewühlt, Bagger stehen dort, ein Kran und Müllcontainer. Ich schlüpfe durch das Loch im Zaun und gehe auf die Treppe zu. Dort sitzt Mike. Er hält eine Flasche Bier in der Hand und nickt mir zu. Ich setze mich neben ihn. „Hanna ist auf der Schauspielschule." Mike trinkt einen Schluck Bier. „Nicht schlecht." „Und was machst du so?" Die Frage dehnt sich ins Schweigen. Mike meint, ich müsse etwas tun. Ich nicke. Als die Dämmerung hereinbricht, werden die Sätze weniger, fransen aus wie zu oft geknicktes Papier, und als wir uns verabschieden, sage ich: „Ich rufe dich an." Mike lächelt. „Oder ich dich." Und dann stehe ich auf und gehe mit raschen Schritten die Straße hinunter, bis zum Kino, wo die Vorstellung gerade beginnt. Als das Handy in meiner Manteltasche vibriert, nehme ich nicht ab. Später sehe ich, dass Vater angerufen hat.

BLOCKHAUS

Das Café mit der Rösterei liegt auf einer Anhöhe, in einem Blockhaus direkt am Steinbruch. Es ist Ende August, der Sommer neigt sich dem Ende zu, aber es ist immer noch sonnig und warm, und viele Gäste bleiben bis in die späten Abendstunden. Wenn ich komme, ist Martha immer schon da, trinkt ihren Kaffee und raucht eine ihrer Zigarillos, die sie aus einem schmalen Lederetui hervorzieht. Martha sei sonderbar, hat mir Thomas hinter vorgehaltener Hand gesagt, schweigsam und, wie er vermute, uralt.

Ich sitze oft neben Martha, zufällig und ohne dass ich das Gefühl habe, dass sie Notiz von mir nimmt. Doch dann eines Tages dreht sie sich zu mir und sagt: „Wussten Sie, dass sich hier früher eine Druckerei befand?" Ich schüttle den Kopf. „Ja, hier im Blockhaus, nur weiß das heute niemand mehr." Zum ersten Mal schaue ich Martha ins Gesicht, das faltig ist, aber mit lebhaften Augen, dunkel wie reife Kirschen. „Wie lange ist das her?" Martha überlegt einen Augenblick. „Im September 1943 begann ich meine Lehre. Da gab es die Druckerei bereits 40 Jahre. Ein altes Familienunternehmen, das sich immer hier im Blockhaus befand. Bis zu dem Tag, als sie kamen und meinen Chef verhafteten. Ende 1943 muss das gewesen sein." Martha raucht und schnippt Asche auf ihren Unterteller.

Es ist Freitagabend und das bevorstehende Wochenende hat Aperol-Spritz und Radler trinkende Menschen in den Steinbruch gespült. Ich rücke ein wenig näher an Martha heran und denke dabei an Thomas. Bei dem ich mir sicher bin, dass er nichts wusste von der Geschichte des Blockhauses. Dass man ihm nichts gesagt hat. Damals vor vier Jahren, als er sein Café in der Stadt aufgab und die wenigen Möbel den Berg hinauftransportierte. „Ich habe meine Arbeit vermisst", sagt Martha. „Deshalb bin ich abends oft hergekommen. Und da habe ich ihn eines Tages entdeckt, versteckt hinter einer der Maschinen. Zunächst habe ich gezögert, aber als er sich davonschleichen wollte, habe ich gerufen: 'Ich tue dir nichts, ich bin dein Freund, Freund. Verstehst du?' Und da ist er rausgekommen. Von Anfang an habe ich ihn gemocht. Mit seinen blauen Augen und dieser widerspenstigen Locke, die ihm in die Stirn fiel." Martha lächelt, und ihre Augen leuchten dabei wie die eines jungen Mädchens. Ich ziehe mit dem Schuh Kreise in den Sand, während die untergehende Sonne die Felsen langsam rot färbt. Denke an die Geschichten, die mir Freunde und Bekannte erzählen. Und die zumeist nur an der Oberfläche Wellen schlagen, wie Kieselsteine auf Wasser.

„Ich habe Friedbert fast jeden Abend besucht, habe ihm etwas zu essen gebracht und manchmal auch Tabak. Da hat das mit dem Rauchen angefangen." Martha trinkt einen Schluck Kaffee. „Und Sie? Rauchen Sie?" Ich schüttele den Kopf. „Nicht mehr, ich habe aufgehört." Martha kichert: „Ihr jungen Leute seid heute so vernünftig." Dann aber wird sie sofort wieder ernst. „An manchen Tagen hat Friedbert mich kaum wahrgenommen, ist einfach nur dagesessen und hat in den Steinbruch gestarrt. Ich habe ihn gefragt: 'Was ist los, was ist passiert?', aber er hat nur den Kopf geschüttelt. Bis er eines Tages erzählte, dass sie seine Mutter und seinen Vater abgeholt hätten, Männer in beschlagenen Stiefeln und Uniformen. Während er in der Schule gewesen sei." Martha hält inne und zieht ihr Zigarillo bis zur Glut. Die Sonne ist inzwischen hinter den Felsen verschwunden, und ich spüre Gänsehaut und wie sich kleine Härchen auf meinem Unterarm aufstellen.

„Friedbert hat auch immer gefroren. Trotz der Decken, die ich ihm brachte. Und der warmen Kleidung." Martha drückt ihr Zigarillo aus, wobei die Spitze kurz aufleuchtet. „Einmal ist er einfach losgerannt. In den Wald hinein und ich hinterher. Knackende Äste unter mir und ungewohnte Geräusche. Bis Friedbert mich hinter einem Baum abpasste, wir uns umarmten, küssten." Martha schüttelt unwillig den Kopf. „Ich sollte aufhören. Ich bin alt und werde sentimental." Aber ich sage: „Nein, machen Sie weiter." Und Martha macht weiter. Ungeachtet des Winds, der in die Lichterketten über den Tischen fährt.

„Immer öfter", sagt sie, „haben wir in der Stadt Flammen gesehen, umgeben von Wolken aus Rauch, die sich den Himmel einverleibten. Und eines Tages, da erlebten wir eine Explosion. Die gewaltige Druckwelle hat das Dach des Blockhauses abgedeckt und die Fenster zersplittert. Ein hoher singender Ton ist das gewesen. In diesen Minuten, als ich neben Friedbert lag, mit dem Gesicht nach unten, als ich Erde schmeckte und kaum atmen konnte, ist mein bisheriges Leben vor meinen Augen abgelaufen. Wie der Trailer eines Kinofilms. Mein Elternhaus mit der Bäckerei in der Altstadt. Die engen Gassen, in denen ich als Kind Himmel und Hölle spielte. Und wie ich nach der Schule immer heimlich in die Backstube schlich, um mir eine Rosinenschnecke oder ein Hörnchen in die Manteltasche zu stecken."

Martha trinkt ihren Kaffee aus. „Danach hat sich Friedbert noch mehr zurückgezogen, veränderte sich, so wie sich auch das Blockhaus nach der Explosion veränderte. Unkraut, Brennnesseln, Blumen und sogar eine kleine Birke begannen, zwischen den verlassenen Maschinen zu wachsen. Und oft, wenn ich kam, habe ich ihn dort gefunden, zwischen den Pflanzen, in seine Decken eingewickelt. Stundenlang konnte er so daliegen. Bis ihn irgendetwas aufschreckte. Der Schrei eines Vogels, das Rascheln einer Maus oder einer Ratte."

Martha macht eine Pause. Über uns sind dunkle Wolken aufgezogen, dick wie aufgeblähte Kissen. Ich ziehe wieder Kreise in den Sand. Mit meinem Halbschuh, der davon staubig wird und unansehnlich. Und wage nicht zu fragen. Ob ich der erste bin, dem Martha ihre Geschichte erzählt. Oder: es andere gab, vor mir, vielleicht hier im Café, Fremde wie mich, die Martha beobachtet hat, über Tage, Wochen und dann angesprochen. Die meisten

Gäste brechen auf, und Thomas sammelt die Sitzkissen ein, klappt die Sonnenschirme zusammen. Martha aber fährt unbeirrt fort. „Kurz vor Kriegsende ist Friedbert dann verschwunden. Ich habe das Blockhaus abgesucht, bin in den Wald gelaufen."

„Sie haben ihn also doch geholt?"

Sie schüttelt energisch den Kopf. „Nein, das glaube ich nicht. Das kann nicht sein. Dann wären dort Sachen zurückgeblieben, Kleider, Essen, seine Decken. Ein Chaos. Denn immer blieb ein Chaos zurück, wenn sie jemand holten. Und nie durfte jemand etwas mitnehmen. Sie haben sie auf den Straßen vor sich hergetrieben, manche noch im Schlafanzug." In dem Moment, als sie das sagt, erhellt ein Blitz den Nachthimmel. Lässt Marthas Gesicht noch einmal aufleuchten. Martha, eine der letzten ihrer Generation. Ich halte inne, inmitten einer Kreisbewegung. Zähle die Sekunden, messe die Zeit, die bleibt. Sekunden nur, bis der Donner folgt und fast zeitgleich der Regen. Und ich Martha in Richtung Haus ziehe.

XYLOPHON SPIELEN

Es blieben ihnen nur wenige Stunden. Mutter kam zu Carla ins Zimmer. Mitten in der Nacht. Carla war sofort hellwach. Sie richtete sich auf und sah die Mutter an. „Zieh dich an und pack deinen Koffer." Die Mutter strich Carla übers Haar, sie hatten die gleichen, dunklen Locken, widerspenstig und dick.

Unten im Flur hörte Carla Stimmen. Gedämpfte Stimmen und ein aufgeregtes Flüstern. Sie suchte nach ihren Kleidern. Die Mutter hatte einen Stapel mit Kleidern gerichtet. Wollstrumpfhosen und Trainingshosen, einen Pullover mit Rollkragen, eine Winterjacke, Mütze, Handschuhe. Carla zog sich selten so dick an. Höchstens im Winter, wenn es sehr kalt war. Wenn sie draußen auf dem See Schlittschuh lief, wenn sie mit den Polenkindern eine Schneeballschlacht machte, wenn der Vater sie zur Jagd mitnahm. Carla befühlte die Strumpfhosen. Sie waren aus Wolle, kratziger Schurwolle, und Carla hätte lieber die anderen angezogen. Die aus Baumwolle, die sie gestern ausgezogen hatte. In denen sie gespielt hatte. Verstecken im Haus. Raus durfte sie schon lange nicht mehr. Doch dann erinnerte sie sich an Mutters ernstes, ja strenges Gesicht und zog die kratzigen Strumpfhosen an, die Hosen, den Pullover. Nur die Jacke ließ sie liegen.

Die Stimmen unten im Flur waren leiser geworden. Jemand kam die Treppe herauf. Es war das Kindermädchen. „Bist du fertig angezogen?" Carla nickte. „Ich soll meinen Koffer packen." Sie schaute das Kindermädchen fragend an. „Nimm deine Puppe mit, den Gerd. Und vielleicht eines von deinen Büchern." Carla betrachtete Gerd. Er lag nackt in seinem Puppenbett. Eine Babypuppe mit wachsfarbenem Kopf und großen, blauen Schlafaugen. Carla zog ihm seinen Matrosenanzug an, drückte ihm die Augenlider zu und legte ihn in den Koffer. Den hatte sie von Oma zum Geburtstag bekommen. Oma hatte gesagt: „Du bist jetzt groß und kannst reisen." Und Carla hatte genickt und dabei auf den Boden geschaut.

Carla ging in das Zimmer ihrer kleinen Schwester. Luises Bett war leer, ihr Schlafanzug lag auf dem Stuhl. Unten im Flur hörte Carla die Stimme ihres Vaters. „Wir können nicht alles mitnehmen." Dann das Weinen der Mutter. Carla lief um Luises Gitterbett und trommelte mit den Fingern gegen die Stäbe. Das war wie Musik machen. Wie Xylophon spielen. Sie holte sich Luises kleine Holzgiraffe und legte sie in den Koffer. Dann ging sie zum Fenster und schob den Vorhang zur Seite. Die Fensterscheiben waren mit dicker Pappe zugeklebt. Carla bog eine Ecke um, so dass sie nach draußen sehen konnte.

Es regnete. Zwei Männer holten einen Wagen aus der Scheune und fuhren ihn langsam auf den Hof. Es waren Vater und der Kutscher. Carla lauschte. Sie hörte Stimmen aus dem Schlafzimmer der Eltern und fand dort Mutter und das Kindermädchen. Sie standen vor dem großen Schrank, auf dem Bett lagen Wolldecken und Kissen, Handtücher, Stapel mit Kleidern. Das Kindermädchen und Mutter packten Koffer, und was nicht mehr hineinging, schnürten sie mit Paketschnur zusammen. Luise krabbelte in den Wäschebergen herum. Carla nahm sie auf den Arm, sagte: „Wir nehmen deine Holzgiraffe mit", und Luise schaute sie aus babyblauen Augen verständnislos an. Vater und der Kutscher kamen und trugen alles hinaus. Ihre Haare waren feucht, und auf ihren Mänteln glänzte der Regen.

Carla ging ins Esszimmer. Sie war nicht oft hier. Nur an Festtagen oder wenn Besuch da war, ansonsten aßen sie in der Küche. Im Esszimmer gab es einen großen, ovalen Tisch mit sechs Stühlen und einen Vitrinenschrank. An den Wänden hingen Familienbilder. Hochzeitsfotos und Kinderbilder, von ihren Eltern, ihren Onkels und Tanten, von Carla und Luise, ihren Cousinen und Cousins. Carla blieb vor dem Hochzeitsfoto ihrer Eltern stehen. Sie fand, dass ihre Eltern auf dem Foto streng aussahen, streng und schön. Ihre Mutter hatte das Haar hochgesteckt, sie trug ein helles, luftiges Kleid, ihre Augen waren braun, fast schwarz und sehr groß. Der Vater schaute ernst, er war schlank und sein Anzug dunkel. Carla hatte ihre Mutter manchmal nach dem Hochzeitsfoto gefragt, und sie hatte gelächelt: „Weißt du, wir waren sehr jung. Auch dein Vater und ich waren einmal sehr jung." Carla hatte ihre Mutter verwundert angeschaut, sie hätte nicht sagen können, ob Mutter oder Vater jung oder alt waren. Sie hängte das Foto ab und legte es in ihren Koffer. Zurück blieb ein rechteckiger Fleck, eine Lücke, die Tapete ein wenig heller.

Als sie losfuhren, regnete es noch immer. Carla hatte in den letzten Tagen vom Fenster aus beobachtet, wie sie den Wagen hergerichtet hatten. Wie sie aus Brettern Sitzbänke gezimmert hatten, Holzbögen über dem Wagen befestigt und mit Plane bespannt. Aber sie hatte sich nicht getraut, Mutter danach zu fragen. Sonst hätte sie zugeben müssen, dass sie das Verbot missachtet und die Verdunkelung entfernt hatte. Innen war der Wagen mit Stroh ausgepolstert. Mutter gab Carla einen Fußsack mit Fell. Sie hatte Luise auf dem Schoß, die in dicke Decken gehüllt war. Draußen auf dem Kutschbock saß der Vater. „Können wir fahren?" Mutter nickte.

Das Kindermädchen und der Kutscher standen auf dem Hof, sie winkten, und ihre Gesichter sahen ernst und ein bisschen verloren aus. „Warum sind die beiden nicht mitgekommen?", fragte Carla die Mutter später. „Sie sind hier zu Hause." Carla presste ihren Koffer gegen die Brust. Mit den Fingern der freien Hand trommelte sie auf die Sitzbank.

TAG DER OFFENEN TÜR

Die junge Frau steht vor Antons Atelier, im kalten Neonlicht des Korridors. Sie streicht sich eine Haarsträhne aus dem Gesicht, sagt nichts, lächelt nicht, bleibt aber stehen. Anton weiß, dass er sie nicht wegschicken kann, da er teilnimmt an diesem Tag der offenen Tür. Von dem er zu spät erfahren hat, auf den er sich nicht hat vorbereiten können. Er wohnt noch nicht lange in der alten Baumwollspinnerei. Im vergangenen Sommer erst ist er eingezogen. In die alte Fabrikanlage, aus der sie ein Zentrum für Kreativwirtschaft gemacht haben. Die sie nur notdürftig sanierten, bevor sich dort Maler, Fotografen, Stuhldesigner und Fahrradbauer niederließen. Und er war optimistisch gewesen, fast euphorisch, als er die Wände seines Ateliers strich, Fotokisten und Material hineinschleppte, sogar ein Sofa und einen Kühlschrank.

Anton bittet die junge Frau herein. Sie trägt einen dunklen Pagenkopf, exakt geschnitten, und Jeans mit einem Riss am Knie. Er schätzt sie auf Mitte zwanzig. Sie geht im Atelier umher, bleibt vor jedem der Fotos stehen, die in Wechselrahmen an den Wänden hängen. Fotos von einer seiner Reisen. Los Angeles. Fotos von einem Vorort. 27000 Menschen auf drei Quadratkilometern. Die meisten ohne Pass, illegal aus Mexiko eingewandert, manche schon in der zweiten Generation. Fotos in Schwarz-Weiß, Fotos aus dem

Alltag. Eine Frau mit einem schreienden Baby im Tragetuch, Männer, die vor einem Waschsalon sitzen und Bier trinken, eine Frau mit einem Buggy voller Plastiktüten. „Ich mag Ihre Arbeit. Ich habe viele Ihrer Ausstellungen gesehen", sagt die junge Frau und dazu seinen Namen, selbstsicher, entschlossen. Anton denkt: „Was fällt ihr ein, was erlaubt sie sich", und antwortet ungläubig: „Ach ja?" Dabei versucht er sich zu erinnern. An seine Vernissagen, an Sekt und Häppchen, an bedeutende und unbedeutende Gespräche, an Freunde, Bekannte, Künstler und Journalisten. Er kann sich erinnern, an all das, nicht aber an sie.

Er geht zu den Kisten, die er erst kürzlich durchgegangen ist. Wahllos greift er ein Foto heraus. Es zeigt drei Jungen. Dunkles Haar, die Gesichter noch unfertig, aber schon gezeichnet vom Leben auf der Straße. Sie stecken die Köpfe zueinander, einer von ihnen hat eine Zigarette in der Hand. „Rio de Janeiro. Ein Favela", sagt Anton. „Schon Kinder rauchen dort." Die junge Frau schüttelt den Kopf, so als sei das völlig verrückt. Er nimmt es ihr nicht übel, sie könnte auch im Zimmer herumtanzen oder einen Kopfstand machen, er würde es ihr nicht übel nehmen. Es würde sogar passen. Zu diesem Winter, der so anders ist, verrückt im wahrsten Sinne des Wortes. In dem er nicht fotografiert, in dem er nicht reist. In dem er den ganzen Tag auf dem Sofa sitzt und auf die Wand gegenüber starrt. Seit der Sache mit dem Kritiker ist das so. Der sagte, er gehe nicht mehr so nah ran wie früher. Der scheinbar wohlwollend durch seine letzte Ausstellung gegangen war und dann einen Verriss schrieb. Seitdem hat Anton keinen Finger mehr auf den Auslöser gelegt. Dabei hat er immer fotografiert. Zwanzig Jahre lang. Menschen auf der ganzen Welt. Und jedes Mal, wenn er wiederkam, hat er eine Ausstellung gemacht. „Menschenbilder" hat er sie betitelt. „Menschenbilder I, II, III" und so weiter.

„Hanna, ich heiße Hanna." Die junge Frau sagt ihren Namen, obwohl Anton sie nicht danach gefragt hat, obwohl es ihm nicht im Traum eingefallen wäre, sie danach zu fragen. „Anton." Seine Stimme ist rauh, er spürt es selbst. Doch Hanna lächelt, so als sei das mehr, als sie zu hoffen gewagt hat. Jetzt nimmt auch sie Fotos aus den Kisten. Und sie will, dass Anton erzählt. Von dem Jungen in Dhaka, vielleicht zehn oder elf Jahre alt, den er auf seinen Streifzügen im Hinterhof eines Schlachthauses kennenlernte, der vormittags Hühner rupfte und nachmittags als Rikschafahrer arbeitete. Dem senegalesischen Mädchen in Flip-Flops, selbst gebastelt aus den zwei Hälften einer Plastikflasche. Oder dem alten Mann, der an einer Straßenecke in Bombay Gebisse aus Holz verkaufte und ihm hinterherrief: „You can try. You can try." Immer wieder fragt sie nach: „Was macht ein gutes Bild aus?" Und er erzählt vom richtigen Einsatz des Lichts. Wie sich die tiefstehende Sonne am Morgen oder unmittelbar vor Sonnenuntergang nutzen lässt. Wie ein bestimmter Lichteinfall zwischen zwei Gebäuden eine Straßenecke erhellen kann. Er erzählt etwas von Komposition und dem Finden von Motiven. Und wie schwierig es sei, die einzelnen Elemente zusammenzubringen.

Irgendwann sagt er: „Genug" und zündet sich eine Zigarette an. „Und?", fragt Hanna. „Nichts und", sagt er abweisend und dann versöhnlicher. „Ich könnte Kaffee machen." Er nimmt den Wasserkocher und geht los. Zu den Toiletten, die etwas abseits liegen und von denen er glaubt, dass nur er sie benutzt. Wo die Zeit stehengeblieben ist: schwarze Klobrillen aus den Fünfziger Jahren, cremefarbene Kacheln, zum Teil abgeschlagen. Er wundert sich, dass der Besucherstrom schon abebbt. Ob überall so wenig los ist? Oder nur auf seinem Gang, in diesem Flügel, der etwas abseits liegt? Wo die Mieten billiger sind, weil er gen Norden weist. Und er denkt an Hanna. Die auf ihn wartet, weil sie sich in den Kopf gesetzt hat, von ihm zu lernen.

Im nachhinein kann Anton nicht sagen, was er zuerst wahrgenommen hat. Den Gestank oder den Mann. Der auf einer der Toiletten sitzt, die Hose heruntergelassen, den Kopf vornübergebeugt. Mit Kapuzenpulli und Wanderschuhen ohne Schnürsenkel, aus denen die Füße herausquellen wie aufgegangener Teig. Anton kennt ihn. Hat ihn schon ein paarmal gesehen. An wechselnden Orten auf dem Gelände. Auf einer Pappe sitzend, zwei Plastiktüten neben sich. Manche redeten mit ihm. Wahrscheinlich gaben sie ihm Adressen oder boten ihm an, ihn irgendwo hinzubringen. Er selbst hat nie mit ihm gesprochen. Jetzt aber sagt er: „Hey." Der Mann reagiert nicht. Bewegt sich nicht, obwohl er aussieht, als würde er gleich stürzen. Vornüber, mit dem Kopf auf den schmutzigen Fliesenboden. „Hey." Anton spricht lauter, berührt ihn an der Schulter, stupst ihn vorsichtig an. „Hey, wir kennen uns doch?" Anton fragt sich, wie lange er schon dort sitzt. Er überlegt, was zu tun ist. Er bekommt Panik. Er holt sein Handy aus der Tasche. Wählt 110. Er beschreibt, was los ist. Beschreibt den Ort. Als er das Gespräch beendet hat, geht er hinaus auf den Gang. Hanna kommt auf ihn zu, und Anton sagt: „Warte hier auf mich."

Anton geht ins Atelier und holt seinen Fotoapparat. Als er wieder zurück ist, kämpft er gegen die Übelkeit, gegen den Ekel. Dann aber betrachtet er den Mann. Das Haar struppig und grau, den Kopf vornübergebeugt, so als habe er kein Gesicht. Wie alt er wohl sein mag? Wahrscheinlich viel jünger als er selbst. Fünfundvierzig oder doch schon fünfzig Jahre? „Wenn man auf der Straße lebt, geht alles schneller", denkt Anton und fühlt plötzlich so etwas wie Verbundenheit. So als offenbare der Mann das, worauf es hinausläuft. Irgendwann. Unweigerlich. Und während er noch mit diesem Gedanken beschäftigt ist, nimmt er den Fotoapparat. Macht das, was er immer gemacht hat, so als habe es nie etwas Anderes gegeben.

Die beiden Sanitäter sehen Hanna zuerst. Die Anton gefolgt ist, die den Gestank nicht ertragen kann, der sofort schlecht wird. „Haben Sie den Notruf abgegeben?", fragt der eine. Er ist kräftig und hat einen Bart. Hanna schüttelt den Kopf und ruft Anton, der aus der

Toilette kommt und eine Reihe von Fragen beantworten muss. Ja, er habe ihn so gefunden. Vor etwa einer halben Stunde. Man habe ihn hier gekannt, er habe sich schon den ganzen Winter auf dem Gelände aufgehalten. Der Kräftige macht seinem Kollegen, einem jungen Mann mit dem Arm voller Tätowierungen, ein Zeichen. „Am besten, wir holen ihn erstmal runter." Sie heben ihn von der Toilette und legen ihn auf eine Trage. Anton fotografiert weiter. Den Mann: mit großer Nase und Falten in einem leeren Gesicht. Fotografiert auch die beiden Sanitäter. Für die das alles Routine ist, normaler Wahnsinn. Und nicht zuletzt die gaffenden Gesichter, die Menschen, die plötzlich von überall herkommen, die kein Interesse mehr haben an der Kunst, sondern nur Augen für die Sensation. Als der Rettungswagen weg ist, schaut Hanna Anton an. „Ich könnte das nicht." Anton möchte ihr antworten: „Aber darauf kommt es an." Und er möchte noch mehr sagen, aber etwas in Hannas Blick hält ihn zurück. Etwas liegt darin, eine stumme Bitte, ein stilles Recht. Und Anton schweigt, während er an sich denkt. Während sein eigener Lebensweg wie ein Stummfilm vor seinen Augen abläuft und sich die Menschenmenge langsam auflöst.

SIMONE

Am Anfang war ich mir nicht sicher. Denn Simone hatte jetzt kurze Haare. Kurze, hennarot gefärbte Haare. Doch dann, als sie an mir vorbeiging, gab es keinen Zweifel mehr. Es war ihr Gesicht, das klassische Profil, die großen, blauen Augen, der unverwechselbare Blick. Simone ging über die Wiese am Fluss. Es war sehr kalt, die Wiese mit Raureif überzogen, die Wintersonne milchig und trüb. Sie war nicht allein, sie hatte ein Kind bei sich, ein vielleicht drei oder vier Jahre altes Mädchen im Schneeanzug. Ich sprach Simone nicht an, ging weiter, vorbei am Kinderspielplatz und dem Café. Das Café hatte alle Rolläden geschlossen, die Terrasse war leer, Stühle und Tische waren verschwunden. Im Sommer war ich manchmal da, beobachtete die Kinder und Mütter, fragte mich, ob ich das auch wollte, später vielleicht.

Ich kannte Simone aus der Schulzeit. Wir hatten zusammen Abitur gemacht, befreundet waren wir nicht. Simone hat selten mit mir gesprochen, sie hat mit anderen Mädchen gesprochen, vor allem mit Viola, einem Mädchen mit exakt geschnittenem Pagenkopf und grünen Augen. Simone las Romane und Gedichtbände unter der Bank, ich konnte mich erinnern, wie sie dabei erwischt wurde, sie das Buch widerwillig und mit stummer Empörung zur Seite legte. Manchmal habe ich versucht, einen Blick auf die Titel zu werfen, sie sagten mir nichts. Ich las zu dieser Zeit wenig, zu Hause in meinem Regal standen noch die Kinderbücher „Alice im Wunderland", „Die unendliche Geschichte", „Der Räuber Hotzenplotz". Simone spielte auch Theater, in der Theater-AG unserer Schule. Ich habe sie als Maria Stuart gesehen, als Antigone und Emilia Galotti, jedes Jahr in einer anderen Hauptrolle. Ich habe ihr zugeschaut, wie sie in den Wochen vor der Aufführung unter der Bank ihren Rollentext lernte. Und ich habe sie gesehen, wie sie oben auf der Bühne stand, mit glänzenden Augen, wie sie sich am Ende der Aufführung verbeugte, wir alle klatschten, ich am lautesten.

Simone stand vor mir an der Kasse im Supermarkt. Neben ihr das Mädchen im Schneeanzug. Ich lief ihr nach und sagte: „Hallo" und „Entschuldigung", und Simone drehte sich um, erstaunt, freundlich. Ich sagte, dass ich Bettina sei, Bettina aus ihrem Jahrgang, ob sie mich denn erkenne, und Simone nickte. Ich sagte, dass ich sie neulich am Fluss gesehen hätte, mir aber nicht sicher gewesen sei, und Simone nickte wieder. Ja, auch sie sei sich nicht sicher gewesen. Dann erzählte sie, dass sie vor kurzem hierher gezogen sei, und als wir uns verabschiedeten, lud sie mich zu einem Fest ein. Einem Fest ohne Familie, ohne Partner.

In der darauffolgenden Zeit ging ich fast jeden Tag an Simones Haus vorbei. Ich schaute, ob die Rollos heruntergelassen waren, ob ihr Fahrrad vor der Tür stand, die Zeitung im Briefkasten steckte. Als ich Simone einmal auf der Straße traf, wirkte sie aufgekratzt und geschäftig. Ich lächelte. „Das Fest, nicht wahr?"

Am Abend des Festes lag Schnee, auf den Straßen und Plätzen, in den Hinterhöfen und Parks. Die Kinder machten im Hof Schneeballschlacht, Kinder aus meinem Haus und anderen Häusern, in ein paar Jahren würde vielleicht auch Simones Tochter dabei sein. Ich stand lange vor dem Kleiderschrank und konnte mich nicht zwischen dem roten und schwarzen Kleid entscheiden. Schließlich zog ich das schwarze Kleid an, ein knielanges Kleid aus dem Second-Hand-Shop, dazu eine lange, rote Glaskette und hohe Schuhe. Auf dem kurzen Weg zu Simones Haus fror ich, die Absätze meiner Schuhe versanken im weichen Schnee. Die Fenster von Simones Wohnung waren hell erleuchtet. Im Hausflur begegnete mir ein Mann mit Bart. Er sagte, er sei Simones Nachbar, und wir gingen gemeinsam die Treppen hinauf. Simones Haustür stand offen, und es waren schon ziemlich viele Leute da. Ich suchte Simone und fand sie in der Küche. Sie trug ein grünes, enges Samtkleid mit Stickereien. Um sie herum standen drei Männer, ältere Männer, sie redeten, gestikulierten, das erstaunte mich, ich hatte nicht gedacht, dass Simone ältere Männer mochte. Als ich in den Raum kam, lachte sie schrill und machte dabei eine ausladende Geste mit der Hand. Ich ging zu ihr, berührte sie leicht an der Schulter, sie drehte sich um, im ersten Augenblick lächelte sie nicht und dann doch. Sie stellte mich den anderen vor. „Bettina, eine alte

Klassenkameradin." Ich blieb stehen, das Gespräch kam ins Stocken, der eine Mann erzählte, dass sein letztes Fest lange her sei, Simone lachte, und wieder klang es schrill.

Im Wohnzimmer war die Musik laut, ich begann zu tanzen, bis mir jemand ein Glas Wein in die Hand drückte. Es war der Nachbar. Ich lächelte, wir stießen an, und als ich das Glas auf dem Fenstersims abstellte, fragte ich: „Wie gut kennst du Simone?" Er zuckte mit den Schultern. „So gut, wie man jemanden kennt, der gerade erst einen Monat hier wohnt." Und dann redeten wir über die Stadt, über Kinos, Kellertheater und die schönsten Plätze am Fluss, während draußen in den Nachbarhäusern die Lichter ausgingen und am Nachthimmel die Sterne leuchteten wie Lichterketten. Später fragte ich den Nachbarn, ob er wisse, dass Simone einmal Theater gespielt habe. Nein, aber vorstellen könne er es sich gut. Ich schwieg und dachte an die Theater-AG an unserer Schule. Dass ich auch hatte teilnehmen wollen, aber Simone schon vor mir da gewesen war, schon im Kreis gesessen hatte mit den anderen, mit langen, damals noch nicht hennarot gefärbten Haaren.

Und während ich das dachte, kam Simone mit einem Tablett voller Gläser herein. „Selbstgemachte Erdbeerbowle. For women only." Ich trank. Simone lächelte, und als sie hinausging, in diesem grünen, engen Kleid, sah ihr der Nachbar nach. Ich stieß noch einmal mit ihm an. Obwohl es da schon anfing. Sich die Farben veränderten, greller wurden, fließender und sich schließlich brüllend ausbreiteten. Ich rannte ins Bad. Ich übergab mich, und als der Reiz nachließ, setzte ich mich auf den Boden, lehnte mich an die Wand und schloss die Augen. Ich weiß nicht, wie lange ich so dagesessen hatte, als ich ein unterdrücktes Kichern hörte. Der Duschvorhang, der zugezogen gewesen war, bewegte sich, und ich sah Simone mit einem der älteren Männer. Und plötzlich wusste ich, was hier lief, weshalb sie alle hier waren. Ich taumelte aus dem Bad, tastete mich im Flur an der Wand entlang, stieß auf ein Paar herumliegende Schuhe, riss eine Jacke von der Garderobe. Dann ging plötzlich das Licht an, und Simones Tochter stand vor mir, im Schlafanzug, barfuß. Ich fasste nach ihrer Hand. „Ich will zur Haustür, ich will hier raus."

Draußen schnitt mir die Nachtluft ins Gesicht. Es schneite, und ich zog meine Jacke eng an mich. Sie war zu groß, roch nach Rauch, und auch meine Schuhe schlackerten. Die Häuser zu meiner Rechten und Linken hoben sich dunkel vom Schnee ab. Ich spürte Nässe, Kälte und hatte einen Höllendurst. Ich blieb vor einem gelben Haus stehen und drückte alle Klingeln, bis sich ein Fenster im zweiten Stock öffnete. „Hallo, wer da?" Kurz darauf hörte ich Schritte im Treppenhaus, die Haustür wurde einen spaltbreit geöffnet, und eine Frau reichte mir eine Plastikflasche mit Wasser. Ich schüttete es in mich hinein, ging weiter, klingelte an anderen Häusern. Bis irgendwann, aus irgendeinem Haus der Nachbar kam. Simones Nachbar, der auch meiner war. Der eigentlich näher bei mir wohnte als bei ihr. „Was ist los?" „Ich weiß nicht." Noch immer explodierten die Farben. Rolf, so hieß der Nachbar, zog mich in seine Wohnung, wo ich auf seinem Sofa einschlief und erst wieder aufwachte, als es schon Mittag war. Ich blinzelte, setzte mich auf und schaute aus dem Fenster in den Garten. Alles war schneebedeckt. Die Konturen weich, die Farben natürlich. Ich sagte: „Das ist schön, verdammt schön."

Einige Tage später traf ich Simone. Auf der Straße. Per Zufall. Mir ihrer Tochter, Einkaufstaschen in der Hand. Der Schnee taute schon, war dunkel und schmuddelig. Ich dachte an die Jacke und die Schuhe, die ich zu Hause hatte. Und die nicht mir gehörten. Doch ich sagte nichts, sah Simone nur an, direkt ins Gesicht, in diese Augen, die so blau waren wie damals auf der Bühne. Ich dachte: „Egal. Vorbei", und ging weiter.

DIE UNTERFÜHRUNG

Seit Jahren benutze ich die Unterführung. Als Abkürzung auf meinem Weg zur Arbeit. Ich habe sie immer als schmuddelig und unbedeutend empfunden, als einen Ort, den man schnell hinter sich lassen möchte, um anderswohin zu gelangen.

Daran änderte sich auch nichts, als der Japaner kam. An einem Morgen im November. Als ich durch die Unterführung ging und ihn zum ersten Mal sitzen sah. Auf einem Rollkoffer. Ein Mann von vielleicht Mitte zwanzig, der zu sich selbst sprach, mit monotoner Stimme, nicht laut aber endlos, ein nicht abreißen wollender Redeschwall. Im nahegelegenen Café erzählte man, er sei zum Studium nach Deutschland gekommen, und zuckte dann hilflos mit den Schultern. Irgendetwas musste schief gegangen sein. Ich überlegte, ob ich ihn ansprechen solle, tat es aber nicht. Weil ich dachte, dass das nicht mein Job sei. Es Leute gebe, die dafür ausgebildet seien. Weil ich nicht in irgendetwas hineingezogen werden wollte. Der Japaner sah auch nicht aus wie ein typischer Wohnungsloser. Er bettelte nicht, trug saubere Kleidung, sein Haar war geschnitten, das Gesicht glatt rasiert. An seinem Koffer lehnte eine Tüte mit Lebensmitteln. Brot, Wurst und Käse, in Plastik verpackt. Und am Treppengeländer hing Wäsche.

Mit der Zeit gewöhnte ich mich an ihn. So wie man sich an seine Nachbarn gewöhnt. Deren Geräusche,

Gerüche, ihre Musik und die Art, Partys zu feiern. Nur manchmal in der Nacht, da träumte ich von ihm. Wie wir einander gegenübersaßen, im Schneidersitz, in einem kargen Raum ohne Bilder. Und er anfing, Tee zuzubereiten, in Zeitlupe eine Schale mit einem Tuch ausrieb, Pulver heineingab, dann aber plötzlich stockte. Und mir am Ende die leere Schale reichte. An mehr kann ich mich nicht erinnern.

Seltsamerweise hätte es mich nicht erstaunt, wenn der Japaner eines Tages weg gewesen wäre, zurückgekehrt ins normale Leben. Aber nichts dergleichen geschah. Der Winter verging, der Frühling kam und dann der Sommer. In der Unterführung wurde es heiß und stickig, aber der Japaner saß immer noch da. Auch an dem Tag, als der städtische Reinigungstrupp anrückte. Männer in orangefarbenen Westen, die die Wände schrubbten, das Graffiti von den Kacheln entfernten und Lampen reparierten. Ich dachte zuerst, es habe mit dem Architektenwettbewerb zu tun, den die Stadt kürzlich für den großen Platz ausgeschrieben hatte. Schöner sollte er werden. Mit Bänken, einer Rasenfläche und Wasserspielen.

Erst später erfuhr ich von dem Festival. Als auch andere öffentliche Flächen von Künstlern bemalt wurden, sie im Café davon erzählten und bald danach ein Katalog auslag. Und als eines Tages eine junge Frau mit dickem Lidschatten auftauchte und die Wände der Unterführung bemalte. Fantasylandschaften. Schlösser mit Türmen und Wendeltreppen, die aussahen, als wollten sie in den Himmel führen. Manchmal, wenn es regnete oder an einem kühlen Tag, saß der Japaner direkt vor den Bildern. Die Frau verdrehte dann die Augen. Ich glaube, sie verstand ihn einfach nicht. Andererseits schien er sie auch nicht zu stören. Eines Morgens, als ich vor einem ihrer Bilder stehenblieb, sprach sie mich an. Erzählte, dass sie aus Usbekistan stamme, in ihrem Heimatland auf der Akademie gewesen sei und ein Diplom erworben habe, ihr das hier aber wenig nütze. Und sie verriet mir ihren Namen. Elena. Sie heiße Elena.

Bald darauf besuchte ich sie. Sie wohnte nahe am Bahndamm in einem Haus, in dem sich früher eine Kneipe mit Biergarten befunden hatte. Ich suchte nach ihrem Namen auf den überklebten Klingelschildern, und als ich ihre Stimme in der Gegensprechanlage hörte, war ich erleichtert. Kurz darauf stand sie vor mir, geschminkt, in groben Hausschuhen, die Füße fest auf dem Boden. Ihr Zimmer befand sich im Erdgeschoss. Ein Bett stand darin, ein Kleiderschrank, Stühle und ein Tisch mit einem Strauß aufgeblühter Tulpen, die ihre Hälse über den Vasenrand reckten. Als Elena mit dem Wasserkocher verschwand, sah ich mich um. Mein Blick blieb an einem Foto hängen, das mit Nadeln an die Wand gepinnt war. Es zeigte eine Gruppe von Menschen unterschiedlichen Alters, unter ihnen Elena. Fast noch ein Kind. In einem kurzen Faltenrock und einem gestreiften Pullover. Sie hakte eine ältere Frau mit Kopftuch unter, die ein vielleicht sechsmonatiges Baby auf dem Arm hielt. Als Elena zurückkam und Kaffee aufbrühte, fragte ich: „Deine Familie?" Sie nickte. Und dann erzählte sie von ihrem Heimatdorf. Einem Dorf aus geduckten Häusern. Wo es nur einen Bus gab, der morgens in die nächste Kleinstadt fuhr und abends zurück. Über holprige, nur unzureichend befestigte Straßen, hupend an jeder Kurve, obwohl fast nie jemand entgegenkam, sich kaum jemals ein Fremder an diesen Ort verirrte. Sie sprach von Wasserknappheit und Stromausfällen, Geisterglaube und der Angst vor dem „bösen Blick". Und ich verstand, warum sie eines Tages aufgebrochen war. Zum Studium in die Hauptstadt und Jahre später noch einmal, um an einem anderen Ort, um hier, neu anzufangen.

Im August verreiste ich. Zwei Wochen auf meiner Lieblingsinsel. Einfache Tage, in denen ich nur selten an Elena und den Japaner dachte, in denen sie zurücktraten, sich zerstreuten, diffus wurden wie Licht im Nebel. Einmal rief Elena an und sagte, dass sie mit ihrer Arbeit in der Unterführung bald fertig sei. Von dem Japaner erzählte sie nichts. Als ich jedoch wiederkam, wirkte er verändert, lief in der Unterführung auf und ab wie ein Tier im Käfig und redete dabei aufgebracht zu sich selbst. In der Nacht träumte ich, wir säßen noch einmal in diesem kargen Raum, er und ich, träumte von der Zeremonie, der leeren Tasse. „Was ist passiert?", fragte ich Elena. Sie zuckte mit den Schultern. Nichts sei passiert. „Und wann hat es angefangen?" „Vor ungefähr einer Woche." Am Vormittag habe es gewittert, und alles sei feucht und klamm gewesen, und da habe es angefangen. Ich stützte meinen Kopf in die Hände, und später erwischte ich mich dabei, wie ich den Japaner mit Elena verglich. Die sich für ein Aufbaustudium entschieden hatte. Die einfach weitermachte.

Der Japaner blieb verändert, unruhig, aufgebracht, und wahrscheinlich hätte ich mich auch daran gewöhnt, wenn im November nicht doch noch etwas passiert wäre. Als ich an jenem Morgen die Wohnung verließ, erschienen mir die Häuser in meiner Straße massiger, und ich lauschte meinen Schritten mit Unbehagen. In der Unterführung blieb ich stehen und kramte in meinem Rucksack, weil ich nicht sicher war, ob ich meinen Geldbeutel mitgenommen hatte. Und in diesem Moment spürte ich, dass jemand hinter mir atmete. In die Stille hinein, und wie sich dann, direkt hinter meinem Rücken, ein wütender Redeschwall ergoss. Ich rannte los, vorbei an den Bildern, die bereits mit Graffiti beschmiert waren, vorbei an den Lampen, von denen einige schon wieder kaputt waren.

Ich habe die Unterführung nicht mehr benutzt, obwohl ich mir im Nachhinein nicht sicher war, ob es nicht auch der Dunkelheit geschuldet war, diesem Winter, der mich dünnhäutiger gemacht hatte, labiler. Ich habe den Japaner aber noch einmal gesehen. Auf der Brücke in der Nähe des Bahndamms. Wie er auf einen Zug schaute, der Autos transportierte, eingewickelt in weiße Plastikhauben. Ich lief schnell weiter, aber in der Nacht träumte ich, er hätte mich angeschaut, aus irren Augen, zu allem bereit.

VERBRANNTES PAPIER

Die Straße ist verschneit. Ich fahre ohne Gang, ganz langsam, über Eisplatten und den Schnee von Wochen. Das Dorf, in das ich komme, ist nicht mehr als eine Ansammlung von Häusern, alte Bauernhäuser mit Scheunen, die jetzt als Atelier dienen, als Werkstatt. Viele Künstler leben hier, es gibt Ausstellungen, ich habe davon in der Zeitung gelesen. Über Franz Wedding weiß ich fast nichts. Nur dass er hier lebt, sein Lektor und Freund war und nicht mehr jung ist, Jahrgang 1940. Am Telefon hat seine Stimme unfreundlich geklungen, unfreundlich und misstrauisch.

Ich stelle mein Auto im Hof ab. Es ist kälter und windiger als in der Stadt, meine Augen tränen, und ich ziehe den Schal über Mund und Nase. Als ich klingele, öffnet Franz Wedding sofort. Kurz und fast widerwillig nimmt er meine Hand. Dann schiebt er mich in eines der Zimmer und weist auf einen Sessel. Ich setze mich, fühle mich ein bisschen wie eine Studentin in der Sprechstunde ihres Professors. Im Zimmer gibt es Bücherregale und einen mit Papieren beladenen Schreibtisch. Franz Wedding kommt mit einer Kanne Tee aus der Küche, gießt uns ein, räuspert sich. „Richard Kemmer ist tot."

„Ich weiß", antworte ich und schaue aus dem Fenster. Im Garten steht eine alte Kastanie, daneben eine Bank, alles ist tief verschneit, die Schneedecke unberührt.

Franz Wedding steht auf, geht zu einem der Regale und zieht einen Stapel Bücher heraus. Die Bücher sind schmal, der Einband schlicht und weiß, die Titel in schwarzen Buchstaben gedruckt. Im Klappentext eines jeden Buches ist ein Foto. Es zeigt einen Mann mittleren Alters mit kurzem, dunklem Haar, Brille und schmalen Lippen. Darunter steht: Richard Kemmer, geboren 1944, Studium der Geschichte, Philosophie und Germanistik in Göttingen und München. Verfasser zahlreicher Theaterstücke. Ich schaue die Bücher an, das Foto und erinnere mich an den Tag, an dem ich seinen Nachruf im Briefkasten fand. Ausgeschnitten aus der Zeitung, darunter ein kurzer Kommentar meiner Mutter. Ich las den Nachruf, ließ ihn auf meine Knie sinken und dachte: „Und jetzt?"

„Es gibt ein Fotoalbum, wenn Sie das interessiert." Franz Wedding führt mich ins Zimmer nebenan. Es ist größer als das Arbeitszimmer und scheinbar unbewohnt. Vor dem Fenster steht ein Sofa, an der Wand ein Wohnzimmerschrank mit Bücherregalen. Die Regale sind leer, es gibt kein Geschirr, keine Bücher, keine Pflanzen. Nur das Fotoalbum. Es liegt oben auf dem Schrank, hat einen hellbraunen, abgegriffenen Ledereinband und Seiten aus hellgrauem Tonpapier. Wir setzen uns aufs Sofa und betrachten die Fotos. Fotos von einem Baby ohne Haare, schreiend, krabbelnd, an der Hand einer großen, dunkelhaarigen Frau, auf dem Arm eines streng blickenden Mannes. Richard Kemmer im Kindergarten, bei der Einschulung, unterm

Weihnachtsbaum und vor den Kerzen einer Geburts-
tagstorte. Die Fotos sind sorgfältig eingeklebt, keines
ist herausgefallen. Unter einigen Fotos befinden sich
Jahreszahlen, nie aber werden Personen genannt, es
gibt keine Namen in diesem Fotoalbum.

„Das ist alles, was ich über Richard Kemmer habe."
Franz Wedding klappt das Fotoalbum zu. Er steht auf
und reicht mir die Hand, so kurz und widerwillig wie
bei der Begrüßung. Ich bedanke mich, ziehe meine
Jacke an und gehe nach draußen. Es schneit, in dicken
Flocken, die aus einem sternenlosen Himmel fallen.
Ich laufe zum Auto, steige ein und starte. Der Motor
kommt sofort, doch die Sommerreifen drehen durch.
Franz Wedding muss mich beobachtet haben. Er holt
zwei Schaufeln aus dem Schuppen, und zusammen be-
freien wir den Untergrund von Eis und Schnee. Ich
schwitze, nehme eine Handvoll Schnee und stecke sie
in den Mund. Der Schnee ist kalt und schmeckt wässrig.
Franz Wedding arbeitet ruhig und immer im gleichen
Tempo, er scheint körperliche Arbeit gewohnt zu sein.
Als wir fertig sind, nehme ich meinen Rucksack. Er
geht auf, und die Bücher und das Fotoalbum fallen in
den Schnee. Franz Wedding sieht mich an, irritiert,
fassungslos. „Was soll das? Warum bestehlen Sie mich?"

Ich presse die Handballen aneinander und schaue in
die Nacht. Ich erinnere mich an das Kind. Das Kind,
das nach dem Vater fragte. Dem die Mutter erzählte, er
sei auf Reisen, weiten Reisen. Mein Vater, der Wissen-
schaftler, der Weltenumsegler, der Abenteurer. Von

dem ich stolz meinen Freundinnen erzählte. Auf den ich wartete. Jahrelang. Ich fahre los. Im Rückspiegel sehe ich Franz Wedding, wie er langsam in Richtung Haus läuft.

Zu Hause lege ich die Bücher und das Fotoalbum auf die Heizung. Die Seiten werden wellig, aber ich kann die Bücher lesen. Auch das Fotoalbum kann ich durchblättern. Keines der Fotos ist verlorengegangen. Ich gehe zum Telefon. Es gibt Momente, in denen ich sprechen möchte, doch mein Hals ist trocken, trocken und rauh, und tief unten spüre ich ein Brennen, so als reiße die Haut auf, wie verbranntes Papier.

Im April bekomme ich ein Postpaket, zwei Meter auf 1,50 Meter, in dickes Packpapier eingeschlagen, darauf meine Anschrift in Druckbuchstaben. Der Mann vom Paketdienst stöhnt, weil er bis in den vierten Stock laufen muss. Ich nehme das Paket entgegen, trage es in die Küche, ich öffne es. Es enthält ein Gemälde und eine Postkarte. Die Postkarte ist schlicht, ein Blumenstrauß, bunte Tulpen, passend zur Jahreszeit. „Das Bild stammt von einem der Künstler aus dem Dorf. Ich habe es für Sie malen lassen. Franz Wedding." Das Gemälde zeigt einen Garten mit einem Kastanienbaum und einen Mann, der auf einer Bank sitzt. Der Mann besteht aus nicht mehr als ein paar Pinselstrichen, er könnte mein Vater sein, oder auch ein Fremder.

OFFENES FEUER

Rita stellt eine Kerze ins Fenster. Eine dicke, dunkelrote Wachskerze, die hinaus in die Winternacht leuchtet. Advent, Advent, ein Lichtlein brennt. Als Kind hat sie den Spruch oft aufgesagt, im Kindergarten zusammen mit ihren Freundinnen, zu Hause vor den Eltern. Später hat sie ihn nicht mehr so gemocht, irgendetwas war albern daran, Kinderkram. Sie zündet normalerweise auch keine Kerze an, sie hat Angst vor Feuer. Lange wird die Kerze deshalb nicht brennen. Wenn Richard nach Hause kommt, wird sie aus sein, vielleicht wird er sie noch riechen, aber er wird nicht fragen. Richard ist nicht der Mann, der viel fragt.

Die Flamme flackert ein wenig, von der warmen Heizungsluft, die aufsteigt. Im Zimmer herrscht Dämmerlicht. Es ist Mitte Dezember, früher Nachmittag, und draußen schneit es seit einem Tag. Rita nimmt sich einen Stuhl, setzt sich ans Fenster und schaut in die Schneelandschaft hinaus. Dächer, Bäume, Sträucher, parkende Autos, weich gezeichnet, schemenhaft. Sie war immer froh, ohne Geschwister aufgewachsen zu sein. Ihre Mutter ganz für sich zu haben, alle Zeit der Welt mit ihr, zum Toben, Kuscheln, Spielen. Als ihre Mutter schwanger wurde, hörte sie auf zu arbeiten. „Das war normal damals", sagte sie einmal, als Rita fragte, und ihre Stimme klang dabei ein bisschen gereizt.

Rita zögert. Eigentlich müsste sie Weihnachtsvorbereitungen treffen, ihre Liste mit den Geschenkideen durchgehen, müsste sich Gedanken machen, wie sie dieses Jahr Weihnachten verbringen. Wann sie zu Richards Eltern fahren und wann zu ihren, und ob sie Heiligabend vielleicht zu Hause bleiben, ganz für sich, mit Tannenbaum, Weihnachtsgans und all diesen Dingen. Einen Augenblick aber schaut sie noch in die Kerzenflamme. Als die anderen mit dem Kinderkriegen anfingen, fühlte sich Rita komisch. Zu Hause fasste sie sich auf den Bauch, strich über die kühle und glatte Haut und spürte nichts. Nur einmal, da war so etwas wie Wut. Als ihr Cousin ihr seine kleine Tochter in den Arm legte, als ihre Tante, ihr Onkel, als alle um sie herumstanden und sagten: „Es steht dir gut, das Baby." In diesem Moment spürte sie Wut, auf die anderen, und sogar auf das Baby, das da in ihrem Arm lag, die Augen geschlossen und friedlich schlafend.

Inzwischen ist es dunkel, und die Schneeflocken tanzen im Schein der Straßenlaterne. Rita geht ins Arbeitszimmer, holt die Tüten mit den Geschenken, das Papier, die Bänder, die Anhänger. Sie geht ihre Liste durch, hakt ab, was sie schon gekauft hat. Socken für ihre Mutter, einen Kalender für den Vater, Bücher für Freundinnen und Bekannte. Für Richard wird sie einen Gutschein schreiben. Ein Wochenende in Amsterdam. Sie hat das Gefühl, dass sie mal wieder raus müssten. Auf andere Gedanken kommen. Nicht ständig um sich selbst kreisen, nicht ständig in Gedanken bei der

Familienplanung. Eine Stadt wie Amsterdam würde da gut sein, lockere, ein wenig verrückte Leute, mal wieder richtig abtanzen, ein paar Drogen vielleicht, warum nicht.

Die Kerze ist ein Stück heruntergebrannt und seitlich eingerissen, so dass ein dünner Wachsstrom auf das Fensterbrett läuft. Ihre Mutter hat ja nie viel gesagt. Nur einmal, da hat sie etwas erzählt. Dass sie es bis zum letzten Moment nicht geglaubt habe. Und dass sie es ihr gleich weggenommen hätten und nicht zeigen wollten. Sie jedoch habe es gesehen, einen Augenblick nur, aber sie habe es gesehen. Sie sagte, das Kind sei dünn gewesen, dünn und bläulich.

Am liebsten würde Rita die Kerze auspusten, aber innen ist zu viel flüssiges Wachs, es würde verspritzen oder noch mehr herunterlaufen. Auf den Parkettboden, den sie hatten verlegen lassen, als sie hier einzogen, in diese Wohnung in der Altstadt. Mit einem Kind müssten sie vielleicht noch einmal umziehen, vielleicht raus aufs Land, weil sie sich die Preise in der Stadt nicht würden leisten können. Rita aber konnte sich ein Leben auf dem Land nicht vorstellen.

Rita packt die Geschenke ein und verstaut sie im Arbeitszimmer. Als sie ins Wohnzimmer zurückkommt, läuft ein dicker Wachsstrom auf Fensterbank und Boden. Danach, hat die Mutter gesagt, habe sie drei Jahre in keinen Kinderwagen schauen können. Bis Rita auf die Welt gekommen sei. Ganz anders als die Schwester habe sie ausgesehen. Propper und rosig, ein propperes, rosiges kleines Mädchen. Rita versucht das Wachs aufzuhalten, hält die Hand unter das Fensterbrett, verbrennt sich die Handinnenflächen und pustet vor Schreck die Kerze aus. Wachs spritzt an die Fensterscheibe, der Wachsstrom läuft weiter auf den Boden und ergießt sich dort in einen großen, roten See.

DER MÖNCH

Ich weiß nicht, wann ich anfing, in den Himmel zu schauen. Es muss in der Zeit gewesen sein, als alles schwierig wurde. Ich nicht wusste, wie es weitergehen sollte. Und man mir das wohl auch ansah, an diesem Nachmittag Ende Februar, als ich dann doch noch in die Stadt ging. Ein Geschenk kaufen für Harry.

Am Morgen hatte der Wetterdienst heftige Schnee-fälle gemeldet. Eine Extremwetterlage. Saharaluft im Süden und Kaltluft im Norden, die mit einem Tief über Skandinavien reinkomme. Wo kalte und warme Luftmassen zusammenträfen, seien heftige Nieder-schläge zu erwarten. Bis zu vierzig Zentimeter Neu-schnee. Womöglich Zug- und Stromausfälle. Ich lief über den Marktplatz, der umrandet war von Kastanien-bäumen und Bänken. Vorbei an der Kirche mit der Doppelturmfassade und weiter bis zur Einkaufsstraße, wo ich mir in meinem Stammcafé einen Kaffee holte. Routinen waren wichtig in dieser Zeit, etwas woran ich mich festhalten konnte, und wenn es nur der Re-cupbecher war, den ich am Folgetag auf den Tresen zurückstellte.

Heute Morgen erst hatte ich mit meiner Steuerbera-terin telefoniert. Es sei nicht zu schaffen, hatte sie gesagt. Zu viele Anträge. Nicht in so kurzer Zeit. Ich antwortete, dass meine Ersparnisse irgendwann aufge-braucht seien und ich keine Möglichkeit sähe, in naher

Zukunft Geld zu verdienen. Ich musste es mit heftiger, vielleicht auch mit weinerlicher Stimme gesagt haben. Meine Steuerberaterin jedenfalls schien berührt. Es tue ihr leid, und sie werde ihr Möglichstes tun. In zwei Wochen, ja, da solle ich mich wieder melden.

Ich verließ das Café und machte mich auf den Weg zu Herrenausstatter Reisel. Der Himmel drückte, hing tief und voller Schnee. So zumindest würde ich es später in mein Tagebuch schreiben. In das ich kurze Eintragungen machte. „Himmel blau heute, Sonne. Vor der Kirche gesessen." oder „Alles grau, Regen. Durch die Straßen gelaufen. Einen Kaffee im Stehen getrunken." Ich ging an der Bäckerei vorbei und am asiatischen Schnellimbiss, als mir auf Höhe des Blumenladens ein Mönch entgegenkam. In orangefarbener Kutte. Nicht besonders groß, aber kräftig und mit breiten Schultern. Er ging direkt auf mich zu, so als sei er sich sicher, bei mir ganz sicher. Er sprach nicht, suchte aber Blickkontakt, legte einen Zettel in meine Hand und eine Kette mit Perlen. Dabei murmelte er unverständliche Worte, die sich wiederholten, die wie ein Mantra klangen. Mit einer Handbewegung gab er mir zu verstehen, das Blatt aufzufalten. Ich sah das Foto eines Tempels in einem asiatischen Land. Zumindest wiesen die geschwungenen Dachsparren und die karge grüne Landschaft darauf hin. Der Tempel befand sich auf einem Berg. Er war nur über eine schmale Stiege zu erreichen, und die Weite, die ihn umgab, zog den Blick fort bis zum Horizont, wo sich das Meer aufrollte wie ein blauer Teppich. Ganz anders als hier, wo Tempel meist in Industriegebieten am Rande der Stadt untergebracht sind, umgeben von Fabriken und vielbefahrenen Straßen. Der Mönch wartete meine Reaktion nicht ab, sondern gab mir einen zweiten Zettel. Dabei hob sich seine Kutte ein wenig, und ich sah Sportschuhe. Der Mönch trug weiße Sportschuhe. Auf dem Zettel befand sich eine Unterschriftenliste mit Angabe des gespendeten Geldbetrags.

Ich senkte den Kopf, und in dem Moment begann der Schnee zu fallen. Flocken, die sich auf unsere Kleider setzten, schmolzen und kleine, dunkle Flecken hinterließen. Ich spürte den Blick des Mönchs. Seine kaltblauen Augen, die auf mir ruhten, so als könne er in mich hineinsehen, meine Gedanken lesen, als könne ihm nichts verborgen bleiben, nicht das Offensichtliche und nicht das Geheime. Ich schüttelte den Kopf, und einige Sekunden spürte ich es noch, das Mantra, dieses Alles-wird-gut oder was auch immer es gewesen war. Dann aber, als der Mönch die Kette und die Zettel wieder an sich nahm, sich umdrehte und ohne ein weiteres Wort ging, fühlte ich mich abgestraft, abgelehnt. Ich trank den Rest meines kalt gewordenen Kaffees. Dachte an das, was man in den Zeitungen las, was man hörte, im Radio, im Fernsehen. Dass sich die Menschen veränderten. Merkwürdig wurden, auffällig. Erst vor zwei Tagen hatte ein Mann in der Innenstadt einer Taube den Kopf abgerissen. Und als erschrockene Passanten daraufhin die Polizei riefen, rechtfertigte er seine Tat mit den Worten, die Taube habe sich über sein gerade gekauftes Mittagessen hergemacht.

Herrenausstatter Reisel befand sich am Ende der Webergasse. Ein Eckladen, holzvertäfelt, mit Rundbogenfenstern und eigentlich gar nicht Harrys Stil. Aber derzeit eine der wenigen Einkaufsmöglichkeiten. An der Tür befand sich ein Schild mit einer Telefonnummer, die ich wählte. Eine Verkäuferin erschien im Fenster und fragte nach meinen Wünschen. Kurz darauf trat sie mit einer Art Bauchladen hinaus ins Schneetreiben. Darin befanden sich Schals, die sie mir zeigte. Ich entschied mich für einen dunkelbraunen Wollschal, reichte ihr einen Geldschein und wartete, bis sie mit dem Wechselgeld zurückkam. Danach ging ich auf schnellstem Weg nach Hause, schaute jedoch, ob ich den Mönch noch irgendwo sah. Ob er auch andere ansprach und heilsversprechende Mantras rezitierte, die an ihre Bedingungen geknüpft waren. Aber ich konnte ihn nirgends entdecken.

Am Abend schneite es immer noch. Ich stellte mich ans Fenster und schaute auf die Straße, wo nur wenige Menschen unterwegs waren. Ein älteres Ehepaar, in dicke Mäntel wie in Watte gepackt, ein Mann auf Langlaufskiern, der sich im matten Licht einer Stirnlampe seinen Weg bahnte. Im Haus gegenüber standen die Nachbarskinder Nele und Johann am Fenster, unter einem mit Fingerfarben gemalten Regenbogen. Sie winkten. Ich winkte zurück und sah dabei dem Schnee zu, wie er fiel und fiel.

Später rief ich meine Freundin Jule an und erzählte ihr von dem Mönch. Sie meinte, bei der Kette habe es sich bestimmt um eine Mala gehandelt. Eine Gebetskette, die von Hindus, Buddhisten und Yogis benutzt werde, um Mantras zu rezitieren. Ich fragte mich, was der Mönch wohl zu mir gesagt hatte, und Jule, die sich auskannte in diesen Dingen, machte einen Versuch. „Lokah, Samastah Sukhino Bhavantu. Das heißt: Mögen alle Lebewesen in allen Welten glücklich sein. Hat er so etwas zu dir gesagt? Hat es sich vielleicht so angehört?" Ihre Stimme klang aufgeregt, und ich versuchte, mich zu erinnern, versuchte es mit aller Kraft. „Du, Jule", sagte ich schließlich, „ich weiß es nicht, ich habe keine Ahnung." Und dann lachten wir, und nicht lange danach beendeten wir das Gespräch.

Am nächsten Tag lag der Schnee hoch. Die Wolken waren wie weggepustet, der Himmel unverschämt blau, dazu Sonne. Eine Winterwunderwelt und die Menschen darin wie Figuren in einer Schneekugel. Ich verabredete mich mit Jule zu einem Spaziergang auf den Berg, über das Rondell bis zum Aussichtsturm. „Glaubst du eigentlich, dass der Mönch Erfolg hat?", fragte sie auf dem Weg. Ich zuckte mit den Schultern. „Vorstellen könnte ich es mir schon. Das Gefühl, also bevor er mich abstrafte, das war sehr stark." Jule schwieg, und wir konzentrierten uns auf den Anstieg, auf den Weg, der steil war und rutschig. „Ich glaube", sagte Jule irgendwann, „dass der Mönch sein Geld bald beisammen hat. In ein paar Tagen. Wofür er sonst

Monate brauchen würde." Inzwischen hatten wir den Turm erreicht, gingen die schmale Wendeltreppe hinauf und blickten über die Landschaft. Die verschneiten Wälder, die Brücke, den Fluss im Tal, silbrig glänzend wie eine Blindschleiche. Wir standen lange beisammen, und erst als die Sonne hinter den Berg rutschte und es zu dämmern begann, machten wir uns auf den Heimweg.

An der ersten Weggabelung schauten wir uns zweifelnd an. Auf einem Stein stand „Bahnhof", und ein Pfeil zeigte nach links. Aber der Stein war alt und die Schrift kaum zu erkennen. Der Bahnhof, es konnte nur der alte gemeint sein. Der schon lange durch einen neuen in der Vorstadt ersetzt worden war. Jule sagte, sie wolle nicht zum Bahnhof, weder zum alten noch zum neuen. „Dann lass uns einfach den Berg hinuntergehen", sagte ich, und Jule schien froh zu sein, dass ihr jemand die Entscheidung abnahm. Mittlerweile war es fast dunkel und hatte wieder angefangen zu schneien. Wir gingen rasch, und als unter uns die ersten Lichter der Stadt auftauchten, umarmten wir uns entgegen aller Vorschriften.

Am nächsten Tag war Harrys Geburtstag. In der Nacht hatte es aufgehört zu schneien. Die Straßen waren geräumt, und am Rand der Gehwege türmte sich der Schnee zu Hügeln auf. Jan, Marie, Jonas und Harry waren schon da, standen im Hinterhof mit Sektgläsern in der Hand, als Jule und ich gegen Mittag eintrafen. Wir begrüßten uns mit den Ellenbogen, und ich gab Harry den Schal, den er auspackte und sogleich umband. Wir stießen an. Auf seinen Geburtstag, auf bessere Zeiten. Ich fragte nach Luise und Karl. Marie erzählte, Karl sei auf Impftourismus. Und Luise, die habe sich total zurückgezogen. Treffe sich nicht mal mehr mit Leuten zum Spazierengehen. Wir tranken viel, kamen rasch in eine komische, alberne Stimmung. Wer mit der Schneeballschlacht anfing, konnte ich später nicht mehr sagen. Ich weiß nur, dass irgendwann die Bälle flogen, Marie und Jan zu Boden gingen, sich einseiften, wir lachten und wohl ziemlich laut gewesen sein mussten, denn im ersten Stock ging das Küchenfenster auf, und eine Frauenstimme schrie, dass sie die Polizei verständigen werde, wenn nicht sogleich Ruhe einkehre. Dann knallte das Fenster zu, und es war still. Gespenstisch still. Auch wenn Harry versicherte, er würde alles nachholen. Am Fluss, an einem versteckten und geheimen Ort. Er Fackeln in den Boden stecken würde, in einem großen Kreis anordnen, in dem wir trinken, tanzen, feiern könnten. Ganz ungestört.

Auf dem Rückweg habe ich den Mönch noch einmal gesehen. Kurz hinter dem Marktplatz. Ein Mann auf einem Fahrrad. Schlingernd im Schnee, sich mit einem Fuß auf dem Boden abstützend. Ich sah Sportschuhe. Dachte, das könne nicht sein. Weil er keine Kutte trug. Sondern Jeans und Daunenjacke. Aussah wie ein Student. Erst als mich sein Blick traf, war ich sicher. „Keine Worte dafür", würde ich später in mein Tagebuch notieren. Und danach den Himmel beschreiben. Wolken wie aus dem Nichts. Die sich plötzlich vor die Sonne schoben. Winterwunderwelt ade. Ich knuffte Jule in die Rippen. „Das war er, verdammt noch mal. Der Mönch." Sie lachte hysterisch, wie immer, wenn sie getrunken hatte. „Der sah doch ganz normal aus." „Er war's, ich schwör's dir", sagte ich.

Aber an der Art, wie mich Jule von der Seite ansah, spürte ich, dass sie mir nicht glaubte.